U0140521

杨讷史学著作集

世界征服者

成吉思汗及其子孙

杨讷 著

上海古籍出版社

图书在版编目（CIP）数据

世界征服者：成吉思汗及其子孙 / 杨讷著. —上
海：上海古籍出版社，2024.5
（杨讷史学著作集）
ISBN 978-7-5732-1149-1

Ⅰ.①世… Ⅱ.①杨… Ⅲ.①成吉思汗（1162-
1227）—传记②成吉思汗（1162-1227）—家族—史料
Ⅳ.①K827=47②K820.9

中国国家版本馆 CIP 数据核字（2024）第 088083 号

杨讷史学著作集

世界征服者：成吉思汗及其子孙

杨　讷　著

上海古籍出版社出版发行

（上海市闵行区号景路 159 弄 1-5 号 A 座 5F　邮政编码 201101）

（1）网址：www.guji.com.cn

（2）E-mail：guji1@guji.com.cn

（3）易文网网址：www.ewen.co

上海颛辉印刷厂有限公司印刷

开本 787×1092　1/32　印张 5.375　插页 2　字数 93,000

2024 年 5 月第 1 版　2024 年 5 月第 1 次印刷

ISBN 978-7-5732-1149-1

K·3595　定价：39.00 元

如有质量问题，请与承印公司联系

目 录

前　言

"世界征服者"，是 13 世纪波斯（伊朗）史学家阿老丁·阿塔蔑力克·志费尼（1226—1283）对成吉思汗及其子孙的称呼。志费尼记述了成吉思汗及其子孙的事迹，书名就叫《世界征服者史》。称成吉思汗家族为世界征服者，不仅在志费尼时代十分自然，即使放在人们的视野大大拓宽了的今天，也不为过分。那个时候，东起朝鲜半岛，西抵波兰、匈牙利，北至俄罗斯公国，南达中南半岛，在北纬 15°—60°、东经 15°—130°这样广袤的地区内，有多少个国家的土地遭到蒙古铁骑的蹂躏。一个家族，在三代人的时间里，竟能发动并指挥如此大规模的战争，这在人类历史上是绝无仅有的。今天西方有的历史学家称 13 世纪是蒙古人的世纪，仍是鉴于这场战争的世界性规模。

这本小书要向你叙述的，就是成吉思汗祖孙三代征服活动的历史以及这段历史所造成的后果。篇幅有限，对 13 世纪以后的事情只能从略。

第一章
蒙古的兴起

- 12 世纪的蒙古高原与蒙古部

- 铁木真的诞生与成长

- 铁木真与篾儿乞、塔塔儿、乃蛮等部的战争

- 战胜王罕，统一漠北

- 铁木真称成吉思汗

- 大蒙古国的建置：千户制、护卫军与札撒

一、统一漠北

公元 1206 年春，在今天的蒙古国鄂嫩河源头，蒙古部落联盟首领铁木真召集他的亲属和各部贵族，举行忽里台（大聚会）。与会者共同推举铁木真为大汗，尊号成吉思，由此宣告了一个国家的诞生。这个国家名"也可·蒙古·兀鲁思"，即大蒙古国。

12 世纪的蒙古高原，部落林立。游牧于鄂嫩河中上游和肯

特山一带的，是蒙古部。在蒙古部西面有篾儿乞部，再西是斡亦剌部、乃蛮部。蒙古部西南有克烈部，南面为汪古部，东面为塔塔儿部，西北有八剌忽、豁里、秃麻诸部。此外还有一些大小不等的部落。这些部落的族源、语言不尽相同，他们的社会发展水平有高有低，但大体上都从事游牧经济，也多已进入阶级社会。在部落内部，少数富裕的家庭控制和奴役其他成员，贫穷的人则沦为依附民和奴仆。奴隶制普遍存在。部落首领实际上是世袭的，只是保留了民主推举的形式。部落首领及其亲属，是部落的统治者、贵族。在铁木真统一蒙古高原之前，这许多部落各不相属，它们有时结成联盟，有时兵刃相向。部落贵族们常常互相攻杀，部落与部落之间的战争连绵不断。这些战争有的是为了血族复仇，更多的是为了争夺人口、牲畜、牧地和其他财富。铁木真所属的蒙古部便是在部落战争中逐渐强盛起来的。

根据史书记载，蒙古部传说中的始祖名孛儿帖赤那，传到铁木真，已是二十三代，估计其间经历了五百多年。蒙古部起初居住在今额尔古纳河之东的兴安岭，大约在第十二代朵奔伯颜时才迁徙到鄂嫩河中上游和肯特山一带（由于这一带也是克鲁伦河、土拉河的发源地，史家又称蒙古部居于三河之源），时间可能在公元9、10世纪之交。从这时开始，蒙古世系才有信史可言。到第十八代察刺孩领忽时，蒙古部势力有所增长，得到辽朝重视。察刺孩领忽和他的儿子想昆必勒格都被辽朝授予官号。"领忽"即令稳，"想昆"即详稳，都是辽部族官号。令稳一名只用于辽前期，辽圣宗统和十四年（公元996年）改令稳为节度使，因而察刺孩领忽接受官号令稳不应晚于这一年，他的活动时间很可能是当辽圣宗在位时期（公元983—1030年）。由于察刺孩领忽的贵显，他的后裔以他为始祖，称泰赤乌氏。有的学者认为，泰赤乌一名可能源于汉语"太子"，它反映出这个氏族在蒙古部的重要地位。但是，察刺孩领忽和想昆必勒格都没有称汗（王）。第一个称汗的蒙古部首领是合不勒汗，他是铁木真的曾祖父，他的祖父是察刺孩领忽的哥哥。合不勒汗的活动时间大概是在辽末金初，史书记载他曾杀过金的使臣，恶化了蒙古部和金的关系。从合不勒汗蕃衍出许多氏族和分支，他的子孙被称为乞牙惕，即乞颜氏人。乞颜原是蒙古始祖的氏族名称，它在蒙古语中意思是从山上流下的狂暴湍急的洪流，用来比喻人的勇敢、大胆和刚强。在朵奔伯颜之后，由于不断繁衍出新的氏族和分支，它们各有自己的名称，乞颜一名反而湮没无闻。到合不勒汗时，由于他本人和儿子们的勇敢与能干，他们的氏族荣耀地恢复了祖先的族名。跨入12世纪，泰赤乌氏和乞颜氏成为蒙古部中最强大的两个氏族，汗的权力由这两个氏族分享。合不勒汗死后，继承汗位的是想昆必勒格之子俺巴孩。俺巴孩汗死，合不勒汗子忽图剌被推举为汗。忽图剌汗去世后，汗位又落到泰赤乌氏贵族手中。汗位在两个氏族间的交替更换，不可能永远采取和平推举的方式；汗权的争夺破坏了两个兄弟氏族的和谐，不可避免地发展为武力冲突。

公元1162年，铁木真诞生在乞颜氏贵族也速该家中。也速该是合不勒汗的孙子，忽图剌汗的侄儿。他勇敢善战，有把阿秃儿（勇士）的称号。铁木真诞生时，也速该刚战胜塔塔儿人归来，他俘获了敌人头目铁木真兀格等人，便按照古老的风俗，给儿子取名铁木真，以志吉祥。铁木真九岁那年，也速该带他去母舅的氏族求亲，途中遇到弘吉剌氏人德薛禅，被德薛禅看中，把女儿孛儿帖许配给他。按照习俗，铁木真订亲后留在岳父家。也速该归途经过塔塔儿营地，停下来要吃喝。塔塔儿人认出他是也速该，想起昔日头领被掳的仇恨，在食物里下了毒。也速该到家后毒发身亡，临终遗言叫铁木真尽快回来。

也速该是忽图剌汗之后的乞颜氏首领，颇得众望，被泰赤乌氏贵族视为争夺汗位的对手，他的暴卒使泰赤乌贵族感到高兴。泰赤乌贵族乘机削弱乞颜氏，他们煽动也速该部众撇下铁木真一家，投向泰赤乌氏。铁木真一家陷入孤苦困顿的境地，母亲诃额仑带领铁木真兄弟和妹妹觅食于肯特山下，于艰难竭蹶之中谋求生存。《蒙古秘史》说："诃额仑好生能事，拾着果子，撅着草根，将儿子每（们）养活了。"铁木真兄弟稍长以后不负母亲的辛勤抚育，在鄂嫩河边结网捕鱼，供养母亲。这样过了些年，泰赤乌氏贵族又想起铁木真兄弟，担心他们像雏禽幼兽那样逐年长大，成为后患，派出人来捉拿铁木真。铁木真几次遇险，甚至一度被擒。幸而他意志顽强，体格健壮，又得好心人救助，才摆脱泰赤乌人追捕，与家人重聚。随后，铁木真从德薛禅家迎娶了妻子孛儿帖。

在同泰赤乌人的对抗中，铁木真想起邻近的克烈部首领王罕过去是父亲也速该的"安答"（结盟者），便带着礼物到土拉河边黑林里拜见王罕，尊他为父，请求他给予帮助。王罕大喜，立即回答说："离开你的百姓，我替你收拾；分散了的百姓，我替你完聚。"当时克烈部势力强盛，占地广袤，是漠北发展比较成熟的一个兀鲁思（国家）。同王罕结盟，无疑使铁木真增添了一份力量。

不久，铁木真又遭到篾儿乞人的袭击。铁木真母亲诃额仑原是篾儿乞人的妻子，是也速该把她抢来的。事过二十余年，篾儿乞人仇恨未消，寻来报复。铁木真和母亲、弟妹逃入肯特山中，孛儿帖被篾儿乞人抢走。事后铁木真到王罕处求援，请王罕帮他夺回妻子。王罕不食前言，一口答应，而且叫铁木真找蒙古部札答阑氏首领札木合，相约共同出兵。札木合与王罕兄弟相称，又是铁木真少年时代的安答，自认义不容辞。于是札木合、铁木真、王罕与其弟札合敢不各出兵一万，会齐后共同袭击篾儿乞人的营地不兀剌川（今俄罗斯恰克图南布拉河地）。篾儿乞人毫无准备，他们的首领脱脱顺着色楞格河逃至巴儿忽真地面。铁木真找回妻子，乘胜大肆杀掠。先前袭击铁木真一家的三百篾儿乞男子全被杀死，许多篾儿乞妇女被掳为奴婢。战事结束，铁木真率部在鄂嫩河中游札木合营地驻留了一年半，先是共叙安答友情，后来逐渐产生隔阂。一个夏日的夜晚，铁木真全家率部众悄悄离开了札木合营地，迁到克鲁伦河上游的阔阔诺尔，自建营地。

　　战胜篾儿乞人，使铁木真威信大增。他自建营地的消息传开，蒙古部各氏族都有人来投奔，其中有地位低下的属民和奴隶，也有在本族处于统治地位的那颜（贵族），甚至像忽图剌汗之子这样的乞颜氏贵族也来依靠。地位低下者希望通过新的主人改变自己的地位，那颜们则想聚合力量掠夺更多的财富。铁木真遵循传统，与贵族们共商大事，但他特别关注的是建立一支效忠他个人的那可儿队伍。"那可儿"意即伙伴、伴当，他们依附于某个部落或氏族的首领、贵族个人，充当军事侍从和家人，主要职责是参加战斗。他们要向被依附者宣誓效忠，被依附者则需供养他们。铁木真早在躲避泰赤乌氏迫害时就有了自己的那可儿，现在从前来投奔的不同氏族的人中挑选忠诚、勇敢和能干者，扩大他的那可儿队伍。这支队伍对铁木真的事业起了十分重要的作用。

大约是在己酉年（公元 1189 年），乞颜氏贵族们经过商议，共同推举铁木真为汗。他们对铁木真说："立你做皇帝。你若做皇帝呵，多敌行俺做前哨，但掳来的美女妇人并好马，都将来与你；野兽行打围呵，俺首先出去围将野兽来与你。如厮杀时违了你号令并无事时坏了你事呵，将我离了妻子家财，废撇在无人烟地面里者。"这就是乞颜氏贵族对铁木真汗的盟誓。此时铁木真当为二十七岁，他的兀鲁思地盘小，部众少，物力弱，一切都很简陋，还没有形成一套国家机器，只具国家的雏型。他任命弟弟和那可儿们分管的职务，无非是牧羊养马、携刀带箭、修造车辆、料理饮膳、守卫宫帐等等，只能满足汗和汗的家族的需要，还做不到对全兀鲁思进行行政管理。但汗的个人权力凸现出来了，氏族贵族的地位有所削弱。

铁木真派人把自己称汗的事分别告诉王罕和札木合，希望得到他们的承认。骄傲的王罕不大看重此事，以居上临下的义父口吻表示允准。札木合本来就因铁木真不告而辞并且引走札答阑氏一些人而心存芥蒂，现在如何能容忍铁木真称汗坐大。不久，札木合借故联合泰赤乌氏，发兵三万进攻铁木真。铁木真闻讯，也起兵三万抵御。两军在答兰版朱思之野交锋，铁木真不敌，退屯鄂嫩河哲列捏地面，保存了实力。随后发生了中原的金朝进攻蒙古部东邻塔塔儿部的战争，给铁木真提供了打击邻敌、增强兵力的机会。

塔塔儿部是当时蒙古高原最著名的大部，蒙古高原诸部之有共名"鞑靼"，就源于塔塔儿，可见其名声之大。塔塔儿部早受金朝统治，替金防护东北边境，牵制漠北其他部落，曾多次攻击蒙古部。在蒙古部历史上，俺巴孩汗是被塔塔儿人擒送金朝杀害的，他遗言要后代为他报仇；铁木真的父亲也速该也死于塔塔儿人之手。因此，蒙古部人视塔塔儿人为世仇，只是由于内部冲突剧烈和塔塔儿人背后有金朝支持，复仇的愿望一直没有实现。公元 1195 年（金章宗明昌六年），塔塔儿人因故叛金。次年，金右丞相完颜襄率师北伐，在克鲁伦河击溃塔塔儿人，塔塔儿余众逃向乌勒扎河。铁木真得悉，认为复仇时机已到，派人请求王罕助他夹攻塔塔儿。王罕是也速该的安答，按照习俗，"但凡做安答呵，便是一个性命般不相舍弃"，自应助铁木真复杀父之仇，何况克烈部也曾受塔塔儿部攻击，故而三日后王罕亲自带军马来与铁木真会合。他们攻破塔塔儿营寨，杀死塔塔儿首领篾兀真笑里徒，掳掠一番。完颜襄十分高兴，承制授给铁木真"札兀惕忽里"（纠军统领）官号，封王罕为王。王罕原名脱里，是克烈部汗，现在再封王，故称王罕。

复仇的壮举进一步提高铁木真在蒙古部内外的声威，他乘势铲除了几个不服从他的乞颜氏贵族，还兼并了主儿乞氏。公元1200年，铁木真又与王罕携手，出兵征讨泰赤乌氏。泰赤乌氏得到篾儿乞人援助，与铁木真、王罕部众战于鄂嫩河畔草原。泰赤乌氏战败，铁木真部驰马追击，杀泰赤乌首领塔儿忽台，另两个泰赤乌首领分别逃往篾儿乞部和乃蛮部境内。

铁木真逐渐树敌多了。公元1201年，出现了以札答阑氏首领札木合为首的反对铁木真的诸部贵族军事联盟，参加者有蒙古部的泰赤乌、朵儿边、弘吉剌等氏族贵族和篾儿乞、乃蛮、斡亦剌、塔塔儿等部首领。他们聚会于额尔古纳河右岸的忽兰也儿吉，共推札木合为古尔汗（意即众人之汗），决议同伐铁木真。铁木真得报后主动出征，在海拉尔河地方击溃札木合军，诸部首领四散逃亡。次年春季，铁木真继续经营东部，再次攻打塔塔儿部，将它消灭，尽诛其壮男，其余人口掠为奴婢。至此，铁木真夺得富饶的呼伦贝尔草原，南与金朝接壤。

公元1202年秋，乃蛮太阳汗的弟弟不欲鲁汗联合斡亦剌部首领忽都合别乞、篾儿乞部首领脱脱以及过去被铁木真、王罕击败后逃到乃蛮境内的诸部首领，率军进攻王罕、铁木真，札木合也领兵参加。两军大战于阙亦坛之地（约在今哈拉哈河上游）。乃蛮联军战败，不欲鲁汗退走本部，札木合等各引余众散去。

这次对乃蛮联军的作战，是铁木真与王罕的最后一次合作。自从铁木真认王罕为义父、共同战胜篾儿乞人以来，他们已经合作了十几年，屡屡击败共同的敌人。但是，随着共同的敌人减弱，王罕与铁木真互相需要的程度也在缩小。铁木真灭塔塔儿，是单独行动；与之同时，王罕进攻篾儿乞，也没有邀铁木真参加。而铁木真力量的崛起，眼看将造成与克烈部并峙的局面，这是王罕不愿见到的。因此，他们的合作关系渐渐走向破裂。战胜乃蛮之初，双方也还共叙父子情谊，相互保证："多敌人处剿捕时，一同剿捕；野兽行围猎时，一同围猎；若有人离间呵，休要听信。"铁木真还想与王罕亲上加亲，提出要王罕的女儿嫁给自己的长子术赤，把自己的女儿配给王罕的孙子（古代北方游牧民族习俗，婚配不须按照辈分）。王罕的儿子桑昆狂妄自大，一口拒绝，而且出言不逊，使铁木真的自尊心受到挫伤。这时，离间者乘隙而入。铁木真的宿敌札木合跑到桑昆那里，劝说桑昆"预先除了"铁木真。曾受铁木真处分的乞颜氏贵族阿勒坛和忽察儿别乞等，也在桑昆面前竭力挑拨。桑昆派人把札木合等人的议论告诉王罕，王罕不听。最后桑昆自去对王罕说："你如今见存，他（铁木真）俺行不当数。若父亲老了呵，将俺祖父辛苦着收集的百姓如何肯教我管。"这话说中了王罕的心事，于是同意桑昆除掉铁木真。

公元1203年春，王罕父子设计请铁木真赴宴，想乘机杀他。事泄，铁木真不赴，王罕父子迅速发兵袭击铁木真。铁木真仓促应战，苦斗于合兰真沙陀地面（约在今内蒙古东乌珠穆沁旗北），初战小捷，终以准备不足，众寡悬殊，被敌军击溃。铁木真匆促撤退，随从者仅19人。他们顺哈拉哈河前行，一路收集残卒，最后清点军马，仅余2 600（一说4 600）人，还至统格黎小河（约在今贝尔湖东）驻扎。军心稍定，铁木真即派人去责备王罕背信弃义。他列举父亲也速该和他自己对王罕的种种恩德，谴责王罕易恩为仇、以兵相加，要王罕说说反目的原因。王罕同桑昆商量，桑昆说："我正要派遣使者向他宣战。如果他战胜了，我们的兀鲁思是他的；如果我们战胜了，他的兀鲁思就是我们的！"铁木真也知决战必不可免，认真进行准备，重新结聚兵力。他驻于班朱尼河（即巴勒渚纳海子，约在今克鲁伦河下游）时，与伴当们同饮浑浊的河水，宣誓说："与我共饮此水者，世为我用。"以此激励将士。这段时间里，王罕那里发生了一场变故。札木合、阿勒坛、忽察儿别乞想杀王罕自立，被王罕攻散，逃奔乃蛮。王罕驱走他们后，支起金缬帐，终日饮酒高会。公元 1203 年秋，铁木真率兵从鄂嫩河上游出发，衔枚夜趋折折运都山王罕驻地，出其不意，迅猛袭击。激战三日夜，克烈部士卒溃散。王罕西逃，路遇乃蛮部将，被杀。桑昆逃到西夏，靠掳掠为生，被西夏逐出，辗转至曲先（今新疆库车），被当地人捕杀。克烈部民几乎全沦为铁木真将士的奴婢。

克烈部在 11 世纪以前就建立了自己的兀鲁思，人口号称二十万，信奉基督教。王罕祖父马儿忽思汗被塔塔儿首领捕捉，移送金朝处死，故而克烈部人同蒙古部人一样，视塔塔儿为世仇。王罕在少年时代吃过不少苦，《蒙古秘史》说他七岁时被篾儿乞人掳去舂碓，十三岁时又被塔塔儿人掳去放牧。王罕父忽儿察忽思汗有子四十，王罕最长，但他的汗位却是在残酷激烈的内争中取得的；在争夺汗位的过程中，曾得到也速该的帮助，因而结为安答。由于王罕最终与铁木真反目成仇，《蒙古秘史》强调王罕心性险恶、嫉忌好杀、反复无常。后世的历史著作受《蒙古秘史》影响，对王罕也有过多的贬词。其实，王罕统治克烈部多年，在此期间克烈部总的说是强盛的，王罕本人也时常驰骋沙场，可见他并非昏庸无能之辈，否则就不好解释铁木真何以十多年间一直依托与王罕结盟。此外，如果说统一蒙古高原是当时的历史进步趋势，那么上引桑昆关于谁兼并谁的话可以说明，王罕父子统一蒙古的愿望与铁木真是相同的，虽然他们在这场竞争中是失败者。

克烈部的覆灭，使西邻乃蛮感到恐慌。乃蛮是突厥语部落，其地以阿尔泰山区为中心，西至额尔齐斯河，北接吉尔吉斯，西南隔沙漠与畏兀儿为邻。他们文化发展较高，受畏兀儿影响。在铁木真与王罕结盟时期，乃蛮一直与他们为敌，不仅几次出兵攻伐，而且常常接纳败给王罕、铁木真的其他部落首领。乃蛮国王太阳汗性格柔弱，除放鹰打猎之外，没有别的本领，又不了解国外情形。他自以为能战胜铁木真，派使臣去约汪古部首领阿剌兀思剔吉忽里夹攻铁木真。阿剌兀思剔吉忽里将使者缚送铁木真，提醒铁木真防备乃蛮来攻。当时铁木真正在帖麦该川地面围猎，闻报后决定主动出征，行前又对部属作了一番整顿。公元1204年夏，铁木真挥师西行，溯克鲁伦河而上。那边太阳汗率兵东来，营于杭海岭北合池儿水（今哈瑞河），会合篾儿乞部首领脱脱、斡亦剌部首领忽都合别乞、克烈部的阿怜太师、札木合以及朵儿边、合答斤、塔塔儿、散只兀等残部，共同讨伐铁木真。这是继太阳汗之弟不欲鲁汗之后

世界征服者

由乃蛮组织的第二次联军，为首的有不少是当年王罕、铁木真手下败将，事隔两年他们毫无长进，仍是一帮乌合之众。而铁木真军队在灭亡克烈部之后又经过一番休整，正是锐气方盛。两军在萨里川相遇，札木合一眼看出对手气势更胜于往日，未等交战即引所部兵遁走。铁木真故布疑阵，令每人燃五堆篝火，以壮大声势。原本轻敌的太阳汗此刻变得疑惧不安，其子屈出律和大将火力速八赤则勇悍有余，智谋不足。激战仅一日，乃蛮军大败，太阳汗被擒杀。屈出律逃跑。次日，朵儿边、合答斤、塔塔儿、散只兀残部投降。铁木真乘胜进兵阿尔泰山，征服太阳汗所属乃蛮部众。秋后，铁木真北向攻服篾儿乞部，脱脱等投奔太阳汗弟不欲鲁汗。

　　在乃蛮，铁木真俘获畏兀儿人塔塔统阿，他原来替太阳汗掌管金印和出纳钱粮，从他身上搜出金印。铁木真问他金印有何用，塔塔统阿回答说："出纳钱粮，委任人员，都要用印为凭证。"铁木真称好，就把塔塔统阿留在身边，此后再下命令就用印章，仍由塔塔统阿掌管。蒙古诸部本无文字，铁木真就叫塔塔统阿用畏兀字录写蒙古语，并叫他教诸子、宗王认写，渐渐形成了蒙古文字，一直沿用下来。

　　1205 年夏，铁木真派兵入侵西夏，破力吉里寨，将寨墙和墙基全部平毁。然后攻入经落思城及附近地区，大肆劫掠。这次行动的目的似乎就是为了抄掠财物，他们很快撤出，掳回大量牲畜、物资。

　　大约就在这一年，铁木真处死了自己少年时代的安答札木合。札木合自从公元1189年同铁木真完全决裂以后，多次组织或参加反铁木真的战争，尽管屡战屡败，他并不吸取教训。最后众叛亲离，他在唐努山中被身边的五个那可儿缚送铁木真。他叫人对铁木真说："对于敢抓自己主人的那可儿，你看该怎么办？"铁木真说："对于敢抓自己主人的人，不能留他活命，连他们的子孙一块杀了。"于是当着札木合的面把这五个那可儿杀了。按当时习俗，杀自己的安答是不吉的，故而铁木真想留札木合继续"做伴"。他派人告诉札木合，札木合回答说："我们从小结做安答，一块吃过不好消化的东西，说过不能忘记的话语。后来我们受人挑拨，所以分开了。想起过去说过的话，我很羞愧，故而不敢同你见面。当初我们可以做伴时，我没有做；现在你收服了那么多百姓，定了大位，我怎么同你做伴呢？你要是不把我杀了，就像衣领上生了虱子，小衣襟里戳着刺一样，你会日夜不安的。你母亲聪明，你又俊杰，弟弟们能干，伴当们豪强，还有七十三匹骟马。我从小父母双亡，又没有兄弟，妻子话多，伴当不可靠。你有上天护佑，所以胜了。现在让我快死，你可以心安。如果你能让我不出血死去，我死后永远保护你的子孙。"札木合的话很质朴，如实地说了自己的想法。那时的蒙古人还没有文字，更说不上念书，所以说话不加文饰，不绕弯子。札木合战败了，并不惜命乞活，的确有点古代人类历史上英雄时代的特色。究竟怎样处置札木合，铁木真很费了些心思：让他活着，他不肯；要他死，占卜又不行；札木合是出了名的人，必须找个理由才能杀掉。考虑再三，还是按札木合本人要求，赐他不出血而死，依礼厚葬了。蒙古人信珊蛮教（即萨满教），相信人的灵魂附在血上，故而不出血死被认为是好死。

这年（公元 1205 年）铁木真四十四岁。自从九岁（一说十三岁）丧父，经过三十年艰苦奋斗，他终于削平群雄，把漠北统一在自己的旗帜下。

二、蒙古国家的建立

公元 1206 年，铁木真树起九脚白旄大旗，即大汗位。当时有个晃豁坛氏族人阔阔出，是珊蛮巫师，自称能与上天通话。忽里台举行期间，他以上天的名义对铁木真说："如今，被称为古儿汗的这个地域上的君主，已被你一手征服，你已取得了他们的领地，你可以像他们那样采用一个同样意义的尊号——成吉思。成吉思啊，你是最高的君主。最高的主命你采用成吉思汗的称号。"于是，与会的贵族们共同拥戴铁木真为成吉思汗。"成吉思"的原义究竟是什么，历来众说纷纭，近人多数认为它源于突厥语，意为海洋。成吉思汗建立的国家名为大蒙古国。过去"蒙古"只是大漠南北众多部落中一个部落的名称，现在成为漠北各部落的共名，这意味着统一的蒙古民族共同体的形成。今天分布于不同国家的蒙古人，都认成吉思汗为本族的始祖，其感情之炽烈，远甚于汉族之于炎、黄。由于习惯，大蒙古国建立后，周围国家仍称他们为鞑靼，或以蒙古、鞑靼两名相合，称"蒙鞑"。

成吉思汗即位后，立即对功臣、贵戚论功行赏，授封领地。他把全蒙古国的百姓分做九十五千户，分别授给各个功臣、贵戚，封他们为千户那颜，世袭管领其地。各千户的实际户数并不一致，其下分为若干百户，百户下为十户。少数千户是由同一族属的人组成的；多数千户的人户来自不同族属，他们是其千户那颜在战争时期

成吉思汗

17

逐渐收集的，或是成吉思汗授与的。千户既是基本军事组织，也是地方行政单位。国家按千户征派赋役、签发军队。所有民户都被固着在本管千户内，向国家承担义务。成吉思汗规定："人们只能留在指定的百户、千户或十户内，不得转移到另一单位去，也不得到别的地方寻求庇护。违反此令，迁移者要当着军士被处死，收容者也要受严惩。"成吉思汗还封了几个万户，他们以军事统帅的身份各管若干个千户。当时在蒙古全境实行兵民合一的制度，15 岁至 70 岁的男子均须服兵役，随时听候调遣，自备马匹、兵器、粮草，跟从那颜出征。成吉思汗说："万夫长、千夫长和百夫长们，每一个都应将自己的军队保持得秩序井然，随时作好准备，一旦诏令和指令不分昼夜地下达时，就能在任何时刻出征。"他又说："十夫长不能统率其十人队作战者，将连同其妻子、儿女一并定罪，然后从其十人队中另择一人任十夫长，对待百夫长、千夫长、万夫长们也这样！"就这样，成吉思汗通过严密而又严厉的千户制度，对全国进行有效统治。

与实行千户制同时，成吉思汗扩建了他的护卫军队伍。在古代北方游牧地区，由于幅员辽阔、气候寒冷，营帐随季节的变换或战争的需要而迁徙，历代君主或部落首领为防不测，都极其重视自己的随营护卫。王罕在同成吉思汗作战时已有护卫千人，成吉思汗在征乃蛮前也选出一千勇士，"如厮杀则教在前，平时则做护卫"，人数都不算少。成吉思汗既为大汗，便把护卫军扩大为一万人，其中宿卫一千人，箭筒士一千人，散班八千人。这一万人从千户、百户、十户及白身人的儿子中选出，必须是身强力壮、具有技能的。千户那颜的儿子，许带弟一人、带伴当十人；百户的儿子，许带弟一人、伴当五人；十户和白身人的儿子，许带弟一人、伴当三人。所有这些人需用的马匹、物品，除以自家的财产支付外，可按规定从本管民户科敛供应。对各级那颜来说，派儿子充当护卫有以子入质的意思，也是对大汗承担的一种特殊兵役。

护卫军的首要职责是保卫大汗的金帐，有严格的护卫制度。全部护卫分为四队，轮番入值，每番三昼夜，称四怯薛。"怯薛"是突厥蒙古语，意思是"番直宿卫"；怯薛人员称怯薛歹。每队怯薛中，箭筒士、散班值日班，宿卫值夜班。入夜后任何人不得在宫帐前后走动，违反的由宿卫捕拿，次日审问。臣下有急事禀报，须先见宿卫，由宿卫陪同入帐奏事。这套制度，保护了大汗的人身安全。

护卫军还要分管汗廷的各种事务，故而怯薛歹名目繁多，有火儿赤（佩弓矢者）、云都赤（掌刀者）、昔宝赤（掌鹰隼者）、札里赤（书写圣旨者）、必阇赤（书记、主文史者）、博尔赤（司厨者）、阔端赤（掌从马者）、答剌赤（掌酒者）、怯里马赤（传译者）、火你赤（牧羊者）、虎儿赤（奏乐者），等等。他们的职事涉及大汗的饮食起居、放鹰围猎以至临朝听政等许多方面。在国家初建，机构尚不完备的时候，怯薛"百执事"之官实际上履行着中央政府的职能。成吉思汗任命他最亲信的那可儿博尔忽、博尔术、木华黎、赤老温为四怯薛长，合称四杰。怯薛长与怯薛歹均为世袭。怯薛歹有时被大汗派出处理重要事务，他们的地位高于在外的千户那颜。成吉思汗规定，如果怯薛歹与在外的千户那颜发生争斗，拿千户那颜问罪。与此相应，怯薛歹家人的地位也高于在外的百户、十户。怯薛歹论身份仅是汗的侍从，他们竟具有如此特殊的地位和权力，在世界各国古代历史上并不多见，其原因在于他们的大汗拥有无限的绝对的权力，怯薛歹的权力是汗权的延伸。

由怯薛歹组成的护卫军又是蒙古国家的常备军，担负对内镇压、对外防御或征服的职责。大汗用它造成外轻内重之势，可以制服境内任何叛乱。出征时，护卫军由大汗亲自统领，为大中军。

由于史料不足，我们不清楚护卫军所带亲属（弟）与伴当在平时和战时都做些什么。有的学者把他们也归入常备军，并且推算其数约五万，加上正式护卫万人，常备军总数达六万。

果若如此，这支常备军从诞生之日起就注定要从事对外掠夺。当时大蒙古国人口充其量不过一百万左右，游牧经济的生产能力又那么脆弱，单靠压榨境内的游牧民是养活不了六万丁壮的。这支庞大的常备军只有在连续不断的对外掠夺战争中，才能维持自己的生存。

与千户制、护卫制相应，成吉思汗为管理民事和司法，设立了断事官，蒙语称札鲁忽赤。最早担任断事官的，可能是成吉思汗的异母弟别里古台，他的职事是"整治斗殴、盗贼等事"。公元 1206 年建国时，成吉思汗任命养弟失吉忽秃忽做大断事官，要他主持民户的分配和诉讼事宜。成吉思汗对失吉忽秃忽说："你把一切领民的分配和诉讼事宜都造青册写在上面。〔凡是〕失吉忽秃忽向我建议而写在青册白纸上的规定，直到子孙万代不得更改。更改的人要治罪。"伊朗史学家拉施特在 14 世纪初编成的《史集》中称赞失吉忽秃忽"决狱公正"，并且说："我们从断事官们的辩论中知道，从那时起直到现在，无论在蒙古斯坦或其所属各地区境内，他的断案的方式方法的原则，奠定了判决的基础。"失吉忽秃忽领大札鲁忽赤事多年，一直处理行政民事要务。公元 1215 年攻克金中都，失吉忽秃忽被成吉思汗派去登录金的帑藏。公元 1234 年灭金，失吉忽秃忽又被窝阔台任为中州断事官，主持清查户口和征收赋税的事务，被汉人称为"丞相"。大断事官职事与历代中原国家的丞相不尽相同，但其地位确实很高，在蒙古国前四汗（成吉思汗、窝阔台、贵由、蒙哥）时期，它的地位是不可动摇的，那时上自诸王、驸马、怯薛，下至各投下的蒙古、色目人，他们的奸盗、诈伪、婚姻、驱良等事宜，都要听札鲁忽赤处置。大札鲁忽赤甚至要过问汗室的案件。窝阔台时任大札鲁忽赤的是札剌亦儿人额勒只带。窝阔台死后，脱列哥那哈敦叫嚷窝阔台是被人毒死的，额勒只带就出来制止，不许任何人这样说。可见大札鲁忽赤断事的权威性。当然，札鲁忽赤断事也不能随心所欲，他们也需要有法律依据。大蒙古国的根本大法，就是成吉思汗亲自制定的札撒。

"札撒"是蒙古语，意为法度、法令。在蒙古国家诞生很久以前，蒙古社会各部落早已形成一些人们共同信守的行为规则或习惯，蒙古语叫做"约孙"。后来随着阶级的产生，古老的约孙也打上了阶级的烙印，但是这时的约孙还不具有法的性质。在蒙古社会，真正的法（札撒）是在国家形成的过程中产生的。说得更具体些，成吉思汗的札撒，是在他兼并各部落的战争中逐渐酝酿产生的，在公元1206年拥戴他登上汗座的忽里台上才得到最后的确认。拉施特的《史集》提到，成吉思汗消灭王罕后"王业已定，各部落便从四面八方来向他请降、求和。……他举行了大聚会（即忽里台），于订立完善和严峻的法令（札撒）以后，幸福地登上了汗位"。成吉思汗的札撒，是新制定的法令，在推行札撒前，他必须废止一些旧的不适应新形势的习惯法。志费尼说："成吉思汗统治初期，当蒙古各部归并于他的时候，他废除了那些蒙古各部一直奉行、在他们当中得到承认的陋俗；然后他制定从理性观点看值得称赞的法规。"札撒体现了大汗的意志，大汗的权力因札撒而得到巩固和加强。志费尼说："谁个胆敢反对他，他就执行他颁布的札撒和法令，把此人连同他的部属、子女、党羽、军队、国家和土地，统统毁灭干净。"札撒的内容相当庞杂，涉及蒙古社会生活的许多方面。志费尼说："成吉思汗依据自己的想法，给每个场合制定一条法令，给每个情况制定一条律文；而对每种罪行，他也制定一条刑罚。因为鞑靼人没有自己的文字，他便下令蒙古儿童习写畏兀文，并把有关的札撒和律令记在卷帙上。"所以在成吉思汗主持下，大蒙古国相当快地产生了自己的成文法。自然，札撒不是一次完全制定的，它经过几次修改和补充。例如在西征前举行的忽里台上，成吉思汗对札撒和约孙重新做了一次规定；西征回来后，他又颁发了若干新的札撒和训言（蒙语为必里克）。所谓"训言"，就是被记录下来的成吉思汗对宗室、臣下的训话，在元代又称祖训或宝训。成吉思汗认为，他的训言与札撒一样，都应为臣下所遵守，它们与保留下来的约孙都被记入卷帙，合称"大札撒"。成吉思汗说："如果隶属于国君的许多后裔们的权贵、勇士和官员们不严遵札撒，国事就将动摇和停顿，他们再想找成吉思汗时，就再也找不到了！"又说："万夫长、千夫长和百夫长们，只要在年初和年终时前来聆听成吉思汗的训言后回去，就可以统率军队。如果他们住在自己的营盘里，不听训言，就像石头沉没在深水中、箭射入芦苇丛里般地消失得无影无踪。这样的人就不适于当首长。"

虽然"大札撒"今已不存，我们从现存的史籍仍可窥见其部分内容。例如，关于每个人只能留在指定的千户、百户、十户内，不得转移，违者严惩的规定，就是一条札撒。再如，在战争中对方向蒙古纳款投诚的可免于屠戮的规定，也见于札撒。札撒还规定了对各种宗教一视同仁和对入境外商的处置办法。札撒对臣民的限制具体而细微，违者处罚严酷，常论死罪。例如，札撒规定：那颜们必须忠于君主，转投他人者处死，擅离职守者处死，挑拨是非、构乱皇室者处死。又规定：民间收留逃奴不还原主者处死，为寇者处死，以幻术惑众者处死。札撒虽严，终究是大汗用来统治臣下的，汗族宗室如有违犯，则可网开一面。成吉思汗说："我们的兀鲁黑（亲属）中若有人违犯已确立的札撒，初次违犯者，可口头教训。第二次违犯者，可按训言处罚。第三次违犯者，即将他流放到巴勒真古勒术儿的遥远地方去。此后，当他到那里去了一趟回来时，他就觉悟过来了。如果他还是不改，那就判他带上镣铐送到监狱里。如果他从狱中出来时学会了行为准则，那就较好，否则就让全体远近宗亲聚集起来开会，以作出决定来处理他。"此外，对一些为大汗立过殊功的勋贵大臣，成吉思汗又有"九次犯罪休罚"的规定。这些可称为法外法或法上法。

总之，成吉思汗的绝对权威在大蒙古国的法制上打下深深的个人印记。但是，这样严酷的法令的确行之有效，它在蒙古国本土建立起严格的秩序，造就了一支既驯服又强健、组织严密、便于驱使的军队。只有这样的军队，才能替成吉思汗去征服世界。志费尼在叙述了成吉思汗制定律令、颁布札撒的活动以后，不无同情地描述了他的士兵："整个世界上，有什么军队能够跟蒙古军相匹敌呢？战争时期，当冲锋陷阵时，他们像受过训练的野兽，去追逐猎物，但在太平无事的日子里，他们又像是绵羊，生产乳汁、羊毛和其他许多有用之物。在艰难困苦的境地中，他们毫不抱怨倾轧。他们是农夫式的军队，负担各类赋役，缴纳摊派下来的一切苛捐杂税，从无怨言。他们也是服军役的农夫，战争中不管老少贵贱都成为武士、弓手和枪手，按形势所需向前杀敌。无论何时，只要抗敌和平叛的任务一下来，他们便征发需用的种种东西，从十八般武器一直到旗帜、针钉、绳索、马匹及驴、驼等负载的动物；人人必须按所属的十户或百户供应摊派给他的那一份。检阅的那天，他们要摆出军备，如果稍有缺损，负责人要受严惩。哪怕在他们实际投入战斗时，还要想方设法向他们征收各种赋税，而他们在家时所担负的劳役，落到他们的妻子和家人身上。因此，倘若有强制劳动，某人应负担一份，而他本人又不在，那他的妻子要亲自去，代他履行义务。"蒙古的兵卒如此，将帅呢？志费尼说："他们的服从和恭顺，达到如此地步：一个统帅十万人马的将军，离汗的距离在日出和日没之间，犯了些过错，汗只需派一名骑兵，按规定的方式处罚他，如要他的头，就割下他的头，如要金子，就从他身上取走金子。"汗与他的将帅士卒之间这样的统属关系是靠严酷的札撒固定下来的，由此而造就了铁一般的作战机器。在 13 世纪蒙古四周的邻国中，有哪一个国家拥有相同的作战机器呢？何况这台作战机器又是在一个天才的军事家指挥之下。因此，这个天才的军事指挥家把他的机器开到哪里，哪里就会遭到空前的破坏。

第二章
成吉思汗时期的征服战争（公元 1207—1227 年）

- 三征西夏

- 对金战争，由复仇转为征服

- 木华黎国王经略中原

- 西征前的大事：汗位继承人的确定

- 灭亡花剌子模，侵入钦察草原

- 长春真人丘处机

- 分封诸王

- 西夏的灭亡

- 大汗之死：秘不发丧，葬于何处

《史集》记载，有一天成吉思汗问他的那可儿孛斡儿出
（又译博尔术）等人："对男子汉来说什么是最大的快乐？"孛
斡儿出等人的回答，无非是说驰马、打猎、放鹰。成吉思汗
说："你们说得不好！镇压叛乱者、战胜敌人，将他们连根铲

除，夺取他们所有的一切，使他们的已婚妇女号哭、流泪，骑乘他们的后背平滑的骏马，将他们的美貌的后妃的腹部当作睡衣和垫子，注视并亲吻她们的玫瑰色的面颊，吮她们的乳头色的甜蜜的嘴唇，这才是男子汉最大的乐趣！"这是成吉思汗同他的那可儿们在各言其志，而成吉思汗的话甚至使百年之后记述此言的拉施特仍感毛骨悚然，所以《史集》作者紧接着说了句"愿普世万民长享太平！"记住成吉思汗这段话，你就不必再费神思考他每次发动战争的动机是什么，反正不是复仇就是劫掠，或者是复仇加劫掠。下面我们来看他是怎样在更大的空间里追逐"最大的乐趣"的。

一、征夏与伐金

新建的大蒙古国南面邻接两个国家：东为女真族建立的金，西为党项族建立的夏，两个都是多民族国家。金朝建于1115年，1125年灭辽，1126年灭北宋，1153年迁都燕京（今北京），后称中都。金世宗统治时期（公元1161—1189年）是金的全盛期，当时它领有今天的黑龙江、吉林、辽宁、河北、河南、山东、山西七省之地以及内蒙、陕西、甘肃的一部分，南与南宋隔淮相望，西邻西夏，北抵外兴安岭，东至于海，人口逾五千万，是个文化、经济相当发展的大国。夏国建于公元

1038 年，本名大夏，宋人称它为西夏，又称唐古、唐兀、河西。其地包括今宁夏回族自治区全部、甘肃省大部、陕西省北部以及青海、内蒙的部分地区。到 13 世纪初，西夏已立国一百六十余年，先后与宋、辽、金等国并存，与它们时战时和。西夏国家虽小，人口最多时不过三百万，但能利用宋辽或宋金的矛盾以自保，经济、文化也有一定的发展。这就是金、夏两国的基本情况，成吉思汗在决定大规模南侵以前，必定对它们作了了解和比较。论关系，金与蒙古有旧仇，在历史上金一直利用塔塔儿部牵制和削弱蒙古高原各部，也直接派兵攻打过它们。成吉思汗的曾祖父杀过金的使臣，金朝杀过俺巴孩汗，成吉思汗的叔祖忽图剌汗曾率军攻金。成吉思汗本人虽在 1196 年接受了金的封号，其后每年还向金进贡，但祖先的仇恨并未忘记，他也不能长远忍受称臣进贡的地位。可是金是大国，不能轻易侵犯，与金相比，西夏要小得多，故而西夏成了首先掠取的目标。1207 年秋，成吉思汗借口西夏不肯纳贡称臣，再次出兵征夏。

公元 1205 年那次抄略，曾使夏国感到震惊。夏桓宗在蒙军撤出后下令修复遭受破坏的城堡，大赦境内，改都城兴庆府（今宁夏银川市）为中兴府。有的史书记载，这年冬天西夏还主动派兵往击蒙军，行数日，不遇而还。次年，西夏王室内讧，桓宗弟李安全废桓宗自立，是为襄宗。蒙军再侵西夏，破斡罗孩城，四出劫掠，襄宗集右厢诸路兵抵御。蒙军见西夏兵势尚盛，不敢冒进，于第二年春季退还。

公元1209年春，蒙古军在成吉思汗亲自率领下，第三次南征西夏。四月，陷兀剌海城。七月，蒙军进逼中兴府外围克夷门，襄宗增派嵬名令公率兵五万抵御。相持两月，夏军防备渐松，蒙军设伏擒嵬名令公，破克夷门，进围中兴府，引河水灌城。襄宗自即位以来一直与金交好，纳贡称臣，受金册封；此刻中兴府危急，一面坚守，一面遣使向金乞援。金朝群臣普遍主张出兵援夏，以为西夏若亡蒙古必来攻金。然而即位不久的卫绍王却说："敌人相攻，吾国之福，何患焉？"拒不出兵。十二月，眼看中兴府城墙行将倒塌，外堤突然决口，河水四溢，淹及蒙古军营，蒙军只好撤围。成吉思汗遣讹答为使入城谈判，迫襄宗纳女称臣。西夏既服，成吉思汗便集中力量准备攻金。

公元1211年春，成吉思汗以替祖先复仇为名，誓师伐金。从这年到1215年，他连续五年亲自率兵南下，取得一系列胜利。

第一年，蒙军兵分两路，越过金的边防。一路由成吉思汗本人统领，者别为先锋，攻破金西北路边墙乌沙堡，进陷昌州（今内蒙古太仆寺旗西南）、桓州（今内蒙古正蓝旗北）、抚州

（今河北张北），继续南下。金以三十万（一说四十万）大军守野狐岭（今河北万全膳房堡北），凭险抵御，被成吉思汗一举击溃，金军精锐丧失殆尽，遗尸蔽野。九月，蒙军前锋突入居庸关，攻中都，金人坚守，不克而还。另一路蒙军由成吉思汗长子术赤、次子察合台、三子窝阔台率领，以汪古部首领阿剌兀思剔吉忽里为向导，入金西南路，攻取净（今内蒙古四子王旗西北）、丰（今内蒙古呼和浩特东白塔镇）、云内（今内蒙古托克托县东北古城）、东胜（今托克托县）、武（今山西五寨县北）、朔（今山西朔县）等州，大肆抄掠后离去。《金史》记载，这一年"德兴府、弘州、昌平、怀来、缙山、丰润、密云、抚宁、集宁，东过平、滦，南至清、沧，由临潢过辽河，西南至忻、代"，一时均陷于蒙军。

第二年，蒙军继续骚扰上年侵掠过的许多地区。成吉思汗攻取山后一些州府，进围西京（今山西大同），因中流矢，撤退。者别攻入东京（今辽宁辽阳），大掠而还。

第三年秋，成吉思汗领大军再越野狐岭，重陷宣德、德兴诸城，在怀来重创金军，追至居庸关北口。金兵坚守居庸，成吉思汗留部分军队继续攻打，自率主力由紫荆口（今河北易县西）入关，败金兵于五回岭，拔涿（今河北涿州市）、易二州。不久，者别攻取居庸关，进逼中都。蒙军兵分三路：术赤、察合台、窝阔台为右军，循太行山而南，掠河东南、北诸州府；成吉思汗弟哈撒儿等为左军，东取蓟（今天津蓟县）、平（今河北卢龙）、滦（今河北滦县）、辽西诸州；成吉思汗与幼子拖雷为中军，取河北东路、大名及山东东、西路诸地。木华黎领一军攻陷密州（今山东诸城），屠其城。《元史·太祖纪》称："是岁，河北郡县尽拔，唯中都、通、顺、真定、清、沃、大名、东平、德、邳、海州十一城不下。"

公元1214年（金宣宗贞祐二年）春，成吉思汗会诸路军将于中都北郊，以退兵为由，派使臣向金朝索取贡献。金宣宗遣使求和，进献卫绍王女岐国公主（成吉思汗纳为第四妻）及童男女、金帛、马匹，并派丞相完颜福兴送成吉思汗出居庸关。五月，宣宗见河北、山东州府多已残毁，恐蒙军再来，即以完颜福兴和参政抹撚尽忠辅助太子守忠留守中都，自率宗室迁都南京开封府（今河南开封），史称"贞祐南迁"。六月，驻于中都南面的金乣军斫答等哗变，杀其主帅，投降蒙古。成吉思汗得知上述情况，派大将三摸合和金降将、契丹人石抹明安率兵与斫答等共围中都。金太子守忠立即逃往南京。十月，木华黎征辽东，收降高州卢琮、锦州张锦等。

1215年春，蒙军陆续收降中都附近州县金朝将官，击败前来救援中都的金军。五月，完颜福兴眼看中都解围无望，服毒自杀，抹撚尽忠弃城出逃。蒙军遂入中都。成吉思汗当时在桓州凉泾避暑，闻报后命石抹明安镇守中都，遣失吉忽秃忽等登录中都帑藏，悉载以去。

金由公元 1115 年建国，至 1215 年中都失陷，正好一百年。它以一个中原大国，竟在五年时间里被建国未久的成吉思汗打得落花流水，必有它自身虚弱的原因。历史学家们举出过许多原因，有民族矛盾、阶级矛盾、统治阶级内部矛盾、猛安谋克丧失战斗力、经济衰敝，等等。这些原因都存在，但仍难解释的是，就在成吉思汗攻金前四五年，金朝还从容打败了南宋韩侂胄的北伐军队，在中都失陷以后又能同蒙古周旋近二十年，何以在蒙军来侵初期了无招架之功。这个问题尚待做深入细致的研究。

对蒙古将士来说，伐金的五年就是恣意掠夺的五年。他们攻城略地，但没有久驻的念头，至少在前四年里成吉思汗还没有打算把蒙古兀鲁思扩展到中原地区。蒙古军每得一地，都大肆烧杀掳掠，然后把他们掠得的财物、牲畜、人口席卷而去，最终弄到塞北。当时金、夏的统治者已深受汉族儒家文化影响，他们的军队无论进行什么样的战争，都还需要找一些理由，把自己扮成王者之师、仁义之师。成吉思汗的军队根本不管也不懂这些，他们只是赤裸裸地一味抢劫，并且从大汗到士兵各有一份。史籍记载："其国平时无赏，惟用兵战胜，则赏以马或金银牌或纻丝段，陷城则纵其掳掠子女玉帛。掳掠之前后，视其功之等差，前者插箭于门，则后者不敢入。"（彭大雅撰、徐霆疏：《黑鞑事略》，《王国维遗书》本）"凡破城守，有所得，则以分数均之，自上及下，虽多寡每留一分为成吉思皇帝献。余物皆敷表有差。宰相等在于朔漠不临戎者，亦有其数焉"（赵珙：《蒙鞑备录》，《王国维遗书》本）。这样的军队最残暴，造成的破坏最大。"自贞祐元年（公元1213年）冬十一月至二年春正月，凡破九十余郡，所至无不残灭，两河、山东数千里，人民杀戮者几尽，所有金帛、子女、牛羊马畜皆席卷而去，其焚毁室庐，而城郭亦丘墟矣"（李心传：《建炎以来朝野杂记》乙集卷二十，《鞑靼款塞》，文津阁《四库全书》本）。汉族理学家刘因记述了保州（今河北保定）被屠的情形："贞祐元年十二月十七日（1214年1月29日）保州陷，尽驱居民出。……是夕下令：老者杀。卒闻命，以杀为嬉。……后二日，令再下，无老幼尽杀。"（《孝子田君墓表》，《静修先生文集》卷四，《四部丛刊》本）只有工匠可以免死，因为他们对蒙古军队有用。严格地说，这一时期蒙古军队从事的只是抄掠，还不足称做征服。征服者总要设法守住已征服的地区，而抄掠者总是一走了之，宁可日后再来攻打。只是由于降附蒙古的契丹、女真、西夏和汉族的人物增多了，成吉思汗及其将领通过他们才逐渐懂得征服要比单纯的抄掠更加有利。大约是在攻陷中都以后，成吉思汗开始想到把大蒙古国扩展到中原地区。这年七月，成吉思汗派使臣到开封，晓谕金宣宗献出河北、山东全部地方，放弃帝号，改称河南王。宣宗不从，战争继续下去。据统计，迄至秋末蒙军已攻破城邑 862 处，但许多州县无人留守，随后有的被金收复，有的被趁乱而起的地方豪强或原金朝将官占据。

公元 1215 年冬，成吉思汗留木华黎攻伐辽东、西诸地，自己率蒙军主力返回塞北。1216 年，成吉思汗驻于克鲁伦河行宫，《史集》说"他幸福如愿地驻扎在自己的斡耳朵里"。他一边休整，一边注意着远方的战事。这年秋天，三摸合率兵经西夏趋关中，越潼关，进拔汝州（今河南临汝），一度逼近开封。

公元 1217 年八月，经过两年的考虑，成吉思汗终于下决心要变金地为大蒙古国的一部分。他封木华黎为太师国王，对木华黎说："太行之北，朕自经略；太行以南，卿其勉之。"赐给誓券、黄金印，要木华黎"子孙传国，世世不绝"。这就是叫木华黎安心专一经略中原，不要再有北归故土的念头。他命木华黎统领汪古、弘吉刺、亦乞列思、兀鲁、忙兀、札刺亦儿等部军和投降过来的契丹、乣、汉诸军，又把自己树建的九尾大旗赐给木华黎。成吉思汗告谕诸将说："木华黎建此旗以出号令，如朕亲临也。"

木华黎少年时代就是成吉思汗的那可儿，勇敢善战，受命后全力以赴。金朝自从南迁，重心移到河南，凭借黄河天险，集中诸路军户，加强防御。木华黎避开中坚，先扫外围，前后分别在东、北、西三方面用兵。公元1217年，蒙军自燕南攻拔遂城、蠡州、大名（以上在今河北），东取益都、淄、莱、登、潍、密诸州（以上在今山东）。1218年西入河东，攻克太原、忻、代、泽、潞、汾、霍、平阳等州府（以上在今山西）。1219年，克岢岚、石、隰、绛诸州（以上在今山西）。1220年，收降真定（今河北正定）、滏阳（今河北邯郸南），略卫、怀、孟三州（在今河南），东取济南。1221年夏，克东平（今属山东）。同年八月，木华黎驻兵青冢（在今内蒙古呼和浩特南，俗称昭君墓），由东胜（今内蒙古托克托）经西夏南下，取葭州（今陕西佳县）、绥德，进围延安，克洛川、鄜州（今陕西富县）。1222年冬，取河中府（今陕西永济），渡河拔同州（今陕西大荔）、蒲城。趋长安（今西安），不下；西攻凤翔，又不下。1223年三月，木华黎渡河至闻喜，病卒，年五十四。临终以未能灭金为憾。

木华黎经略中原六年，正值成吉思汗率大军西征，留给他的兵力有限，故而与金形成相持局面。当时河北、山东地主武装颇多，他们依违于蒙、金之间，互争雄长，常有反复，蒙、金都要争取他们，使战事呈现多元状态。木华黎留意招集契丹、女真、汉族地主武装头目，给他们各种职务，并能听取他们的意见，改变了蒙古军队早先一些做法。例如，史籍记载，公元 1220 年木华黎以史天倪为权知河北西路兵马事，史天倪对木华黎说："今中原已粗定，而所过犹纵抄掠，非王者吊民伐罪意也。且王为天下除暴，岂复效其所为乎！"木华黎称善，"下令敢有擅剽掳者以军法从事，所得老幼咸遣归之，军中肃然"（《元史》卷一四七《史天倪传》）。这段记载无疑是把事情过于美化了；史天倪究竟是怎样讲的，木华黎能否懂得"王者吊民伐罪"，都是问题。但是，在木华黎时期，蒙军一味杀掠的做法的确有所收敛，并且引起了金朝的注意。1222 年（金宣宗元光元年）六月，金晋阳公郭文振向宣宗上奏："河朔受兵有年矣，向皆秋来春去，今已盛暑不回，且不嗜戕杀，恣民耕稼，此殆不可测也。"（《金史》卷一〇八《胥鼎传》）"不嗜戕杀"、"恣民耕稼"和"盛暑不回"，反映出此时中原蒙军不再是单纯的抄掠者，它已按照成吉思汗的意图转化为征服者。这一转化对金朝造成更大的威胁，郭文振所谓"殆不可测"，就是这个意思。

木华黎死后，其子孛鲁继为国王。孛鲁按木华黎的方略经营河北、山东，重点依靠降蒙的原汉族地主武装。公元1226年，宋将、原红袄军领袖李全攻克益都，俘蒙古军元帅、汉人张林，控制了山东东路大部分地区。秋九月，木华黎弟带孙与严实率兵围益都。冬十二月，孛鲁领兵入齐，派人招降李全。次年四月，益都城中粮尽，李全出降。蒙古一些将领主张杀掉李全，孛鲁则表示应留李全以劝山东未降者，便以李全为山东淮南楚州行省。继而攻克滕州，尽有山东全境。与之同时，成吉思汗率领征西夏大军进入金地，攻破临洮、信都、德顺等府州。金朝眼看两面受敌，形势危急，恰遇成吉思汗病逝，孛鲁北上奔丧，次年病死于漠北，给了金朝喘息的机会。

二、西征

成吉思汗考虑西征，始于公元1218年。在这以前，从1207年到1211年，他已招降了原先臣服西辽的畏兀儿、哈剌鲁和北方的吉利吉思部（在叶尼塞河上游地区）、秃麻部（在贝加尔湖西）。虽然秃麻部和吉利吉思部后来又起兵反抗，但在成吉思汗西征前都被平息。1218年，成吉思汗又派兵消灭了已窃夺西辽皇位的乃蛮太阳汗子屈出律，尽有西辽国土。这样，蒙古便与中亚强国花剌子模接壤。成吉思汗时期的西征，包括两个方面，一是灭花剌子模，一是侵入钦察草原，时间上几乎是并行的。下面先讲灭花剌子模。

花剌子模是中亚古国，公元 7 世纪以前已经存在，位于阿姆河下游。从 11 世纪起，统治花剌子模的是突厥王朝，国王称沙。其国信奉伊斯兰教，文化上受伊朗和阿拉伯影响。在1141 年西辽击败塞尔柱帝国以前，花剌子模臣属于塞尔柱，此后转而向西辽称臣纳贡。1200 年摩诃末沙即位，在十多年的时间里，他先后打败呼罗珊、西辽、撒马尔罕、阿塞拜疆的统治者，占领河中、阿富汗、伊拉克和伊朗的许多地方，将都城从玉龙杰赤（今土库曼斯坦乌尔根奇）迁到撒马尔罕。花剌子模在摩诃末统治下进入它的极盛期，城市繁荣，商业发达，与境外有广泛的贸易往来。

大约在公元 1216 年，有三个花剌子模商人带着织锦、布匹和其他物品到蒙古做生意。当时漠北道路畅通，蒙古贵族拥有大量从中原掠夺来的金银财物，而且蒙古人不善于经商，故而吸引了许多中亚商人前来贸易。成吉思汗为了获得境外货物，鼓励商人来往，颁布了一条札撒：对入境的商人一律发给凭照，凡是值得汗受纳的货物，应连同货主一起遣送给汗。三个花剌子模商人中有一个叫巴勒乞黑，他带的织品和其他物品被边境守卫看中，被送去见成吉思汗。巴勒乞黑漫天要价，成吉思汗很恼火，说："这家伙是否以为我们这儿从前根本没来过这些东西？"便叫人把库藏打开给巴勒乞黑看，然后没收他的货物，拘留他本人。成吉思汗又派人把巴勒乞黑两个同伙找来，这两个人不敢再要价，只说他们的货物是要献给汗的。成吉思汗表示赞许，按合理的价格买下他们的货物，对巴勒乞黑也这样办了。等三个商人启程回国时，成吉思汗派使臣随同前往，给摩诃末送去信件和许多贵重礼物。同时，他让后妃、宗王、那颜们各选个把亲信，组成一支450人的商队，用500头骆驼满载金银货物，去花剌子模进行贸易。因蒙古人不善经商，这450人全是穆斯林。

公元1218年春，摩诃末在布哈拉（在今乌兹别克斯坦）接见蒙古使臣，使臣向他递交了成吉思汗的礼品和信件。信的内容，几种史书的记载不大一致，但基本意思相近，就是强调要友好通商。有的记载说，成吉思汗信中称摩诃末为"儿子"，摩诃末看了很生气。这是否确凿，不得而知。可以肯定的是，摩诃末表示接受成吉思汗关于友好通商的建议，使臣平安地离开了花剌子模。其后不久，蒙古商队到达花剌子模边境城市讹答剌（在今哈萨克斯坦）。讹答剌守城官亦难出是摩诃末母后秃儿罕可敦的亲属，他觊觎商队财货，诬指商人为间谍，将他们扣押，然后报告摩诃末。摩诃末无视对成吉思汗使臣的约言，下令杀死商人，没收他们的财物。商队的一个骆驼夫侥幸免难，逃回蒙古，向成吉思汗报告了全部情况。

成吉思汗闻报后的反应是可想而知的。他怒不可遏，独自登上山头，将腰带搭在脖子上，光着头，脸贴地上，祈祷号泣了三天三夜。最后得到吉兆，精神抖擞地走下来，决心西征花剌子模。他一面进行准备，一面又派布哈拉人伊本·哈福剌只和两个塔塔儿人为使者，去花剌子模责问摩诃末，要求摩诃末交出亦难出，否则即请备战。此时的成吉思汗与摩诃末都是久涉战场、屡屡获胜的统帅，双方锐气正炽，都想较量一下。摩诃末对成吉思汗的战争警告置若罔闻，他杀了伊本·哈福剌只，剃掉两个塔塔儿人的须发，把他们遣回蒙古。接着，摩诃末这边也进入战备状态。

公元 1218 年秋天，在克鲁伦河畔，蒙古士兵密集，紧张地做着战争准备。当时初到该地的耶律楚材后来回忆他所看到的景象是："车帐如云，将士如雨，马牛被野，兵甲赫天，烟火相望，连营万里，千古之盛，未曾有也。"的确，此时的蒙古军队又非起初伐金时可比。通过几年的伐金战争，它的将士得到了严格的军纪、战术训练，它的队伍因吸收汉族、契丹和其他民族的士兵战将而扩大，它的装备因工匠和掳获物的增加而得到改善。此外，还有最重要的一点，就是这支军队已经无比信任自己战无不胜的伟大统帅成吉思汗，这对团结全军、激励士气是至为重要的。

公元 1219 年春，成吉思汗召开忽里台，对诸子及万户长、千户长、百户长进行了任命和分派，对自己的领导规则、札撒和古代习惯重新作了规定。这些都是西征的最后准备事项。临到出发前，他还指定了自己的继承人。

继承人问题，是皇后也遂可敦提出来的。因为这年成吉思汗已经五十七岁了，应该考虑这个问题。也遂说："大汗此去远征，过山涉水，倘有不测，四子中命谁为主，可先让大家知道。"成吉思汗对也遂的话十分赞赏，认为提得很是时候。所谓"四子"，即术赤、察合台、窝阔台和拖雷，都是成吉思汗正妻孛儿帖皇后所生。按照蒙古习俗，汗的继承人首先应该从正妻之子中产生。四个人中，我们仅知窝阔台这年三十三岁；拖雷虽为幼子，但他的长子蒙哥这年已届十岁，拖雷应在三十上下；可知术赤兄弟四人此时俱当壮年。于是成吉思汗先问术赤有什么意见。未等术赤回答，察合台就粗鲁地对成吉思汗说："你是要把汗位交给他吗？他是篾儿乞种，我怎么教他管？"接着，术赤和察合台两人扭成一团。博尔术和木华黎上前劝解，成吉思汗沉默不语。这时有个侍臣阔阔搠思说："察合台，你忙什么，汗现在指望你。当你没有出生的时候，天下扰攘，互相攻劫，人不安生，所以你贤明的母亲不幸被篾儿乞人掳掠。你讲这样的话，岂不伤你母亲的心。你父亲初立国时，与你母亲一同辛苦，将你们几个儿子养大，望你成人。你母亲像月样明，海样深，这般贤明。你怎么可以这样说话？"成吉思汗终于开口，对察合台说："你怎么那样讲术赤？他是我的长子，今后你不可以那样讲。"察合台说："儿子们中我和术赤年纪最大，愿给父亲一齐出力。窝阔台为人敦厚，可听他管。"成吉思汗再问术赤，术赤表示同意让窝阔台当继承人，他和察合台一块出力。于是成吉思汗说："你们二人不必在一块，天下地面辽阔无边，我让你们各守封国。你们说话要算数，不要让人耻笑。"然后又问了窝阔台和拖雷，他们也同意了。最后成吉思汗说："哈撒儿、哈赤温、斡赤斤、别里古台四个弟弟的位子，在他们的子孙中各教一个人管。我的位子教一个儿子管。我说清楚了，不要违反。"

　　关于汗位由谁继承的问题，看起来算是明确了，但没有真正解决，术赤和拖雷并不服气。在成吉思汗身后，兄弟诸房之间演出一幕又一幕夺权惨剧，这是成吉思汗防止不了的。成吉思汗以为，只要占领更多的地方，能让儿孙们"各守封国"，冲突就可避免。因而西征的目的决不限于向花剌子模复仇，而是为了扩大疆域，只要力所能及，便无休止地向前推进。

西征军出发前，成吉思汗派人去哈剌鲁、阿力麻里、畏兀儿和西夏，要求他们调兵随征。哈剌鲁等从命，唯有西夏不肯。当时西夏神宗遵顼在位，未等他开口，他的臣下阿沙敢不出言不逊，对成吉思汗使者说："既然你们能力不够，何必称汗？"成吉思汗岂能忍受这样的侮辱，但因西征在即，只好将西夏暂搁一边，决心等西征回来后再予惩罚。

公元 1219 年夏，蒙古大军出发西征，越阿尔泰山。时虽盛暑，阿尔泰山上仍是冰雪覆盖，成吉思汗命军士凿冰前进，抵额尔齐斯河上游驻扎。在此他又一次派人通知摩诃末准备迎战。入秋，继续西行，至海押立（在今伊犁西、巴尔喀什湖东），哈剌鲁国王阿思兰、阿力麻里国王苏黑纳黑特勤、畏兀儿亦都护巴儿术各率本部兵前来从征。

当时蒙古军估计约二十万人，花剌子模拥有军队约四十万人，在数量上占有优势。但是，摩诃末把他的军队广布于锡尔河、费尔干纳要隘和河中各城，分散了兵力。成吉思汗从讹答剌方面进攻，由察合台、窝阔台指挥一军包围该城，另派术赤领一军沿锡尔河而下，攻取昔格纳黑（在今哈萨克斯坦图门阿鲁克北）和毡的，阿剌黑那颜等率兵五千南下取别纳克忒（今乌兹别克斯坦塔什干南）和费尔干纳都城忽毡（今列宁纳巴德）。成吉思汗本人和拖雷率主力往攻布哈拉。

第二章　成吉思汗时期的征服战争（公元1207—1227年）

察合台、窝阔台在讹答剌城下打得相当艰苦。守卫讹答剌的仍是亦难出，有兵五万，摩诃末又派哈剌察领兵一万增援，城墙完好，物资充足。亦难出自知是祸首，始终坚持战斗。过了五个月，讹答剌人处境绝望，哈剌察向亦难出建议献城投降，亦难出断然拒绝。哈剌察率部分士卒开门出逃，被蒙军生俘。蒙军从同一个门入城，亦难出带两万人退守内堡，拼死搏斗，历一月之久，给蒙军造成大量伤亡。蒙军攻入内堡，最后只剩亦难出单身一人，被蒙军擒获。察合台、窝阔台以对主不忠的罪名，杀了哈剌察及其同伴。亦难出被押送到撒马尔罕的郊区阔克撒莱，当着成吉思汗的面处死。蒙军在讹答剌大肆劫掠，把内堡和外城均夷为平地。大量平民被屠杀，幸免于难的工匠被掳去服役。

在昔格纳黑，术赤先派早已归顺蒙古的回回商人哈散哈只入城劝降，不想被城内的人杀死。术赤怒火中烧，命士卒昼夜轮番攻城。连续攻打七天，破昔格纳黑城，城内居民几乎被杀光。余下的事交给哈散哈只之子，让他去召集穷乡僻壤的残存者。术赤军继而攻占讹迹邗和巴耳赤邗，那里的百姓没有大的反抗，所以没有实行总屠杀。这些消息传到毡的，守将忽都鲁汗不等蒙军到来就带着军队逃跑了。术赤派成帖木儿为使者去见毡的居民，发现居民中有反抗情绪，便回去调动军队。由于

居民实际上没有战斗准备，蒙军轻易进入城内。他们没有大量
屠杀，但把居民驱至郊外九天九夜，自己则在城里搜索财物。
接着蒙军又攻克养吉干（在今哈萨克斯坦卡札林斯克南），尽
得锡尔河下游城市，术赤进驻哈剌忽木。

阿剌黑那颜的军队只打了三天就迫使费纳克忒守军投降。
尽管如此，所有的降卒还是被杀害了，居民则依性别、职业和
年龄的不同或分给千户、百户，或编入军籍，或配做劳役。然
后蒙军进兵忽毡。忽毡守将帖木儿灭里勇敢多智，他在锡尔河
中央筑有一座高大的城堡，率领千人驻守，巧妙地利用地形袭
击蒙军。后来蒙古军不断增加，多达七万人，堡垒处境日渐困
难。帖木儿灭里率部众乘舟南驶，沿岸蒙军不断攻击堵截，他
们只好弃舟登岸。蒙军紧追不舍，帖木儿灭里等边走边战，几
天后人马伤亡殆尽，他只身逃往玉龙杰赤。

成吉思汗和拖雷的军队在去布哈拉途中先占领了匝儿讷黑
和讷儿两城。两城居民都没有反抗，故而免于屠杀，但抄掠是
必不可免的，城池也照例夷为平地。公元 1220 年 2 月，蒙军抵
达布哈拉城下。布哈拉和撒马尔罕一样，是河中地区的核心。
布哈拉是宗教、文化名城，城内建有宏伟的清真寺院，集中许
多学者、教长。防守布哈拉的花剌子模士兵多是雇佣的突厥
人，蒙古军一到，守将就率领部分士兵往阿姆河方向逃跑，被

蒙军赶上消灭。次日布哈拉的教长、绅士代表居民献城投降，
迎成吉思汗入城。当时内城尚有花剌子模守军，拒不投降，蒙
军放火焚烧整个市区，又用火攻破内城。遇害者三万多人，成
年男子一个不剩，妇女和儿童被掠为奴婢。已经投降的外城居
民得免于难，但他们已一无所有。适合服役的男子被强征入
军，往攻撒马尔罕；其他人逃往乡村。昔日繁华兴旺的布哈拉
城，如今成了一片平坦空旷的原野。有个人从布哈拉逃到呼罗
珊，人们向他打听布哈拉的命运，他用下面的话简短地描述了
蒙军的行为："他们到来，他们破坏，他们焚烧，他们杀戮，
他们抢劫，然后他们离去。"

　　志费尼和拉施特说：成吉思汗进入布哈拉城后纵马直入清
真寺，在寺里欢宴庆功，载歌载舞，把古兰经扔在地上随意踩
踏，拿藏经箱当马槽，让教长、学者替他们看马，最后成吉思
汗召集富人训话，自称是"上帝的鞭子"，是上帝"把我作为
惩罚施降给你们"，等等。——这段记载，不止一个学者怀疑
它的可靠性，因为它过于传奇化，而且与成吉思汗对各种宗教
都采取宽容与尊重的态度不符。这些学者的意见是对的，成吉
思汗在撒马尔罕的行为证实了这一点。

　　成吉思汗在三月间到达撒马尔罕。这是河中第一大城，人
口十万余户，其繁华程度又在布哈拉之上。摩诃末先已退至阿

姆河以南。守城士兵也是新近招募的康里人，他们对花剌子模沙本无忠心，虽有数万之众，不想认真作战。城内居民对是否抵抗也犹豫不决，意见分歧。蒙军这边因察合台、窝阔台带兵来会，声势更加壮大，还驱迫从讹答剌、布哈拉等地强征来的丁壮参加攻围。战未数日，城内伊斯兰教的教长、司教和教法官们来到成吉思汗处献降。他们打开城门，让蒙军入城。城墙当天被平毁，居民被赶到城外，接着又是例行的大掠一番。教长、司教和教法官们及与他们有关的人则免于侵害，据说有五万人左右。三万多康里士兵全部被杀。成吉思汗下令将三万多有手艺的人分给诸子、族人，又挑选三万丁壮随军作战。被驱迫的丁壮编入"哈沙儿"（意近元朝的签军）队，蒙军作战时常把哈沙儿置于前列，故而伤亡很大，需不断补充。入夏以后，成吉思汗移驻那黑沙不（今乌兹别克斯坦哈尔希），委任契丹人耶律阿海等镇守撒马尔罕。撒马尔罕经此浩劫，人口只剩原来的四分之一，城市丘墟，田园荒芜，再难恢复昔日盛况。

摩诃末丢失河中有多方面原因。河中原非花剌子模本土，摩诃末攻占其地不过十年，也曾屠杀当地居民，居民自不会与他齐心。摩诃末拥兵不为不多，但将领多为他母后秃儿罕可敦亲属，他们是康里人，与摩诃末有矛盾，虽然其中有个别人勇于抗蒙，但多数不为摩诃末出力，这是不难理解的。奇怪的是摩诃末本人，他过去十多年在对外战争中每每是胜利者，因而志骄意满，敢捋成吉思汗虎须，但自从与蒙军初次接触以后，却变得心惊胆怯，惶惶不可终日。史书记载，摩诃末笃信命运，星相家们告诉他，在恶运的星宿没有走掉之前，为谨慎起见不宜对敌人采取任何行动，"星相家们这些话也是使他的事业更加陷于紊乱的原因之一"。面对蒙古大军到来，他不敢主动迎战，而是消极防守，把四十万左右骑兵的大部分散布于突厥斯坦和河中，结果被蒙军逐个击破。他还四处散布消极情绪，严重影响士气。在撒马尔罕时，他下令改建城墙，他走上城壕说："前来进攻我们的军队，只要每个人扔下自己的鞭子，这条壕沟一下子就被填平了。"后来到那黑沙不（今乌兹别克卡什卡河流域卡尔什城）去，不管走到哪里都说："你们自谋活命之计吧，蒙古军队是无法抵抗的！"这些话使他的臣民与将士大为沮丧。他的长子札兰丁不赞成他的消极态度，建议把分散于各地的军队召集起来，主动攻打蒙古军队，强调这是能够办到的。摩诃末无视札兰丁的积极建议，只说自己的福星已经陨落，什么都不中用了。因此，他对付蒙古军的唯一办法就是不断逃跑。河中失陷，他逃奔内沙布尔（在今伊朗霍腊散省）；蒙军入呼罗珊，他又逃往加兹温（在今伊朗德黑兰省）。

其后辗转至马赞德兰，于公元 1220 年底病死在里海的一个岛上，札兰丁继位。

蒙古军在公元 1220 年内继续攻占许多地方。奉命专追摩诃末的者别、速不台军队先后占领巴里黑（今阿富汗马札里沙里夫西）、内沙布尔、剌夷（今伊朗德黑兰南）。这年秋天，成吉思汗派察合台、窝阔台往攻玉龙杰赤，命术赤率军南下会合；自己与拖雷从那黑沙不出发，分别攻取呼罗珊诸城及忒耳迷。

公元 1221 年初，察合台、窝阔台军抵玉龙杰赤城下，术赤亦率兵来会。蒙古军包围该城并遣使入城招降。当时驻守该城的是摩诃末母亲秃儿罕可敦的亲戚、康里人乌马儿，他被拥戴为算端（国王），拒绝出降。蒙古军用投石机攻城，因玉龙杰赤附近无石，改伐桑木替代。又派三千士兵进攻城中间的坝桥，被城民全部歼灭，城中军民因而加强了守城信心。术赤和察合台两人在攻城期间又闹起矛盾，导致蒙军军令紊乱，战事不顺，损失惨重。拉施特说："蒙古军被花剌子模人杀死了许许多多，据说尸骨堆积如山，迄今还堆在花剌子模旧城四郊。"七个月（一说四个月）过后，玉龙杰赤仍在坚守。蒙古军有人把情况报告给成吉思汗，三兄弟也派人向成吉思汗请示究竟听谁调遣。成吉思汗当时正在攻塔里寒寨（在今阿富汗木尔加布河上游），闻报大怒，下令玉龙杰赤战事悉听窝阔台指挥。窝阔台奉命行事，调度有方，军令统一。蒙古士兵齐心协力投入战斗，攻入城内，用喷射石油的器械焚毁街区，用了七天时间才占领全城。他们将居民全部驱到野外，分拣出十万工匠，押解而去。妇女儿童被掠为奴，成年男子屠杀无遗。传说五万多蒙古兵每人分配杀二十四人。

由拖雷率领的蒙古军在呼罗珊地区进行同样残酷的屠杀。当时呼罗珊分为四个城区，它们是巴里黑、马鲁、也里和内沙布尔。者别、速不台在追击摩诃末时曾经过这里一些地方，因为目标专注，没有造成很大破坏。者别军过后，当地居民又起来反对蒙古置守的官员。拖雷到达，情况大变，他在两三个月内毁坏了许多城镇，似乎焚杀抢掠之外，别无目的。公元 1221 年 2 月 5 日，拖雷军进入马鲁，把市民统统赶到郊外。拖雷传令，除了挑出的工匠和部分童男童女，其余的人一概杀尽。蒙古军走后，有人用十三天来计算被害的人数，据说尸体达一百三十多万（一说七十万）。在内沙布尔，城内居民起先进行抵抗，一箭射死拖雷军先锋、成吉思汗的驸马脱哈察儿，等拖雷大军到后，虽然想降，已不可得。4 月 10 日，蒙古兵入城屠杀，鸡犬不留。其他地方的命运大致相同。巴里黑城被成吉思汗夷为平地。

塔里寒寨城堡防守坚固，成吉思汗用了七个月时间才攻下，城堡被毁。在攻打范延堡时，察合台长子、成吉思汗爱孙木秃坚中箭身亡。城堡攻下后，成吉思汗下令将人畜禽兽全部杀绝，不留一个俘虏，不掠一件物品，将城市毁成荒漠，以后不得恢复，不让那里生长任何东西。

札兰丁继承父位后，陆续聚集了一些花剌子模军队，他改变摩诃末一味逃跑的做法，主动出击蒙古军。公元1221年春季，札兰丁由哥疾宁北上，在八鲁湾（今阿富汗喀布尔之北）附近打败失吉忽秃忽率领的蒙古三万骑兵，取得一次重大胜利。但因部下将领发生磨擦，军队瓦解，重又折回哥疾宁。这年夏天，成吉思汗与察合台、窝阔台、拖雷驻扎在塔里寒山麓，他们了解到札兰丁情况，决定全体出动，追击札兰丁。成吉思汗经过八鲁湾两军交战地，察看了地形，发现失吉忽秃忽和札兰丁都不善于选择有利地形。他们到达哥疾宁，得知札兰丁打算渡过申河（印度河）去印度，已在半月前离开哥疾宁。他们赶到河边，包围了札兰丁，成吉思汗下令不许用箭射伤札兰丁，要把他活捉到手。札兰丁手下一些将士被击溃，他自带七百人拼死战斗，最后飞马跃入河中，他的一些追随者被蒙古军射死，河水为之染红。他带着刀、矛、盾牌上了对岸。据说成吉思汗对札兰丁的骁勇善斗大为赞叹，转身对儿子们说：

"做父亲的应当生出这样的儿子。"

札兰丁到印度后躲了几天，陆续有人来投奔他。他几次打败印度军，队伍扩展到三四千人。公元 1222 年春，成吉思汗派兵入印度追击札兰丁，未能找到，入夏后蒙古军不耐酷暑，退回。蒙古军在印度也掳掠屠杀，骚扰很大。

公元 1222 年夏，成吉思汗屯驻八鲁湾草原，在那里接见了应召西来的全真道士长春真人丘处机。丘处机字通密，号长春子，山东栖霞人。全真道是道教的一支，创建人是金人王喆。丘处机十九岁学道，次年遇王喆，拜在门下，随同入关。王喆去世后，丘处机先隐居关中，坚守苦行，渐渐有名。金世宗大定二十八年（1188 年），被世宗召到中都，颇受优遇。蒙古攻金初期，丘处机隐居栖霞山中，金、宋先后派人邀请出山，均未应。1219 年冬，成吉思汗在西征途中听说丘处机之名，派使臣至山东诏请。1221 年春，丘处机应邀率弟子西行，于 1222 年四月到达八鲁湾。丘处机在山东时对蒙古军所作所为早有了解，西行途中又经撒马尔罕等地，目睹河中战后惨象，仍以晋谒成吉思汗为荣，反映了他对汉地局势的估计，他要依托蒙古弘扬本教。而在成吉思汗眼中，丘处机无非是一个可以替他告天祝寿的宗教首领，不比珊蛮巫师高出多少。只有起中介作用的一些懂得汉族文化的契丹、汉族官员，能够看出政教相辅对蒙古争夺汉地的意义；而且也非都是如此，耶律楚材就很看不起丘处机搞的一套。丘处机在西域住了将近一年，成吉思汗那时仍忙于镇压当地人民的反抗（如巴里黑），闲暇则找丘处机问道。有人早在成吉思汗跟前夸说丘处机年逾三百，其实他那年七十五岁，及至成吉思汗当面询问，只好推说不知自己年岁。成吉思汗真正关心的是养生长寿之道，耶律楚材说，丘处机"所对皆平平之语言及精神气之事"。在汉族地区，战争年月道士的一大功德，是设坛建醮、济度亡灵；身在沙场、日事屠戮的成吉思汗哪会需要这些。有些史书称丘处机向成吉思汗建言"欲一天下者，必在乎不嗜杀人"，成吉思汗"深契其言……且以训诸子焉"。这样的说法并不可信，连记载丘处机西行事最详细的《长春真人西游记》都没有提到。丘处机于1223年三月离西域东归，此后成吉思汗及其子孙不知又杀了多少无辜，"不杀"之验何在？对全真道来说，丘处机西行是取得成果的，成吉思汗给他们以免服差役的特权，全真道得以大行其道。但这并不意味成吉思汗对全真道情有独钟。这一年成吉思汗在布哈拉接见了伊斯兰教的法官和宣教师，听他们讲了伊斯兰教的要义和条规，也深表赞许，只对去麦加朝圣一事不以为然。成吉思汗认为全世界都是上帝所有，在任何地方都能向上帝祈祷，不必限于麦加一地。在撒马尔罕，成吉思汗同意伊斯兰教徒恢复公共祈祷，并接受法官教长们的请求，豁免他们的赋役。在宗教方面，成吉思汗总是采取兼容并包的方针。

现在我们来介绍西征军侵入钦察草原的经过。

公元 1220 年春季，当成吉思汗围攻撒马尔罕时，他听说摩诃末往北逃跑，便派者别、速不台带兵追赶。他要求他们必须擒获摩诃末，预期他们在三年内结束战事，然后经过钦察草原回到蒙古本土。所谓钦察草原，是指从第聂伯河起到伏尔加河以东很远地方的一片广阔草原。这就是说，成吉思汗给者别、速不台的任务不仅仅是擒获摩诃末，还要往西往北侵占或掳掠更多的地方，然后取道东归。成吉思汗指示者别、速不台，对所经地区军民"归顺者可予奖励，发给保护文书，为他们指派长官；流露出不屈服和反抗情绪者一律消灭"。者别、速不台得令立即向摩诃末逃跑的方向追去。他们渡过阿姆河，首先到达巴里黑，城中富民派人恭敬迎接，供给饮食。者别等急于追赶摩诃末，为巴里黑指派一名长官，要了一名向导，继续前进。在内沙布尔地区哈甫州所属咱维城，因居民关闭城门，拒给饲料，并击鼓诅骂，蒙古军攻下该城，把城民全部屠杀。他们就这样忠实地执行成吉思汗的指示。在内沙布尔，他们招谕当地权贵、呼罗珊宰相来降，散发了用畏兀儿文公文写的并盖有红玺印的成吉思汗诏敕副本，警告各地居民说："万

能的主已将起自日出之地、直到日落之地为止的全部地区赐给
了我们。凡降顺者，本人及其妻子、儿女、亲信都可得到赦
免，而不投降的反抗者，将连同其妻子、儿女、族人、近亲一
起杀死。"内沙布尔城民给蒙古军送了酒席、礼物，表示可供
应饲料、给养，故未遭难。离开内沙布尔，蒙古军兵分两路：
者别往术维因（在今伊朗霍腊散省札哈台），速不台去札木、
徒思（在霍腊散省马什哈德北），一路仍按既定方针办。但总
的说，者别、速不台此时对呼罗珊地区破坏不大，因为他们身
有要务，不宜耽搁。等到拖雷带兵到来，呼罗珊才遭到毁灭性
破坏。者别、速不台分军不久，又在剌夷（今德黑兰附近）城
下会合，屠杀了一部分剌夷居民（一说因该城法官出降，剌夷
未遭屠杀）。然后又毁了忽木（在德黑兰南面）、赞章、可疾
云，迫降哈马丹。入秋以后，蒙古军进入阿塞拜疆境内，临近
其首府桃里寺（今伊朗东阿塞拜疆省大不里士），阿塞拜疆国
王突厥人月即伯派人送上许多金钱、牲畜，才使蒙古军离去。
这年年底，者别、速不台得知摩诃末已去世，便向西北方向挺
进。1221年初，蒙古军入谷儿只（今格鲁吉亚），打败当地守
军，因见谷儿只丛林茂密，行军艰难，又折回桃里寺，从桃里
寺再次弄到大量贡物。接着来到篾剌合城（今伊朗东阿塞拜疆
省马腊格），居民进行抵抗，蒙古军以穆斯林俘虏为前驱，猛

烈攻打，最后城破，全体居民被屠杀。这时哈马丹发生动乱，守城蒙古长官被杀，蒙古军又返回哈马丹，尽屠当地居民。然后又蹂躏了一些城市，于 1222 年春再次进入谷儿只。谷儿只人列阵以待。双方交锋后，蒙古军设伏歼灭三万谷儿只人，谷儿只又一次被击溃。其后，蒙古军向里海港口打耳班（今达杰斯坦杰尔宾特）转移，取道打耳班要隘，进至罗斯南部平原即钦察草原。

钦察人属突厥语族，他们分布于第聂伯河与伏尔加河之间的草原上，南面到克里木。"钦察"是东方人对他们的称呼，古罗斯编年史称他们为"波罗维赤"，拜占庭编年史及拉丁文文献称他们为"库蛮"。钦察人多数过着游牧生活，一部分人已向定居的农业劳动过渡。在 13 世纪初，他们可能已组成若干游牧公国。与钦察人相邻，在高加索山北边，还住着阿速（即阿兰）人，他们是伊朗语族部落。蒙古军先到阿速人地区，阿速人与钦察人联合起来进行抵抗，双方相持不下。蒙古军设法分化他们，派人通知钦察人说："我们和你们同族，阿速人是异族，我们议和吧。我们给你们送去金子和衣服，你们把阿速人留给我们。"钦察人收了许多财物就走了。蒙古军打败阿速人，按惯例掠夺屠杀一番，随后突然袭击钦察人，见一杀一，夺回先前给钦察人的东西。公元 1222 年冬，蒙古军驻于钦察之地。

被蒙古军击败的钦察残部逃往东南欧，他们向罗斯伽里赤王密赤思老求援。当时罗斯分为许多独立的小公国，王公们互相倾轧，虽然伽里赤王密赤思老警告说必须援助钦察人，否则必将遭受蒙古人攻击，不少王公仍不在意，只有一部分王公响应伽里赤王的倡议。由基辅、伽里赤、斯摩棱斯克、契尔尼果夫等几个王公统率的八万罗斯大军自第聂伯河下趋，迎击蒙古军。公元1223年夏，蒙古军在阿里吉河（今乌克兰卡里奇克河）大败罗斯军，进而劫掠南部一些地方，又侵入克里米亚半岛，劫掠了热诺亚人在该岛速答黑城的钱库。但是，此时的蒙古军不想夺取罗斯的土地，因冬季将临，他们取道伏尔加河返回亚洲。他们渡河向察里津（今伏尔加格勒）前进，在卡马河口攻击了不里阿耳城，然后下行到里海、咸海北岸的草原，至锡尔河与成吉思汗大军相会，此时已届1223年冬。

者别、速不台在伊朗西部、高加索、罗斯转战三年有余，给一些地方造成很大破坏，除了废墟与尸体，这次奔袭没有给当地留下任何积极的东西。不过，对蒙古军来说，算是完成了一次火力侦察，者别等人了解了道路地形，摸清了伊朗、谷儿只、罗斯军队的战斗能力，为后来窝阔台、蒙哥时期征服这些地方提供了经验。

三、灭夏与成吉思汗之死

公元 1223 年成吉思汗在河中度过冬天。次年开春启程东归，驻夏于阿雷斯与塔拉斯之间的豁兰八失，秋后继续上途。在叶密立河附近旧日乃蛮的国境线上，拖雷的两个儿子忽必烈和旭烈兀来迎。这时忽必烈十岁，旭烈兀八岁，初次参加打猎，成吉思汗亲自为他们举行初猎仪式，给他们手指抹油。此后一年多，成吉思汗在自己的斡耳朵（牙帐、宫廷）里料理政务，颁发了一些新的札撒和训言。大约就在这段时间里，他还完成了对他的子孙影响极其巨大的宗王分封制度。

蒙古国家的分封制度，渊源于游牧民的家产分配习俗。成吉思汗刚兴起时，就同诸弟相约要互分胜利果实。"太祖皇帝初起北方时节，哥哥弟兄每商量定：取天下了呵，各分地土，共享富贵"。——这条原则一直保存在成吉思汗后裔的记忆中。可能就在建国的 1206 年，成吉思汗在诸弟、诸子中作了第一次分封。《蒙古秘史》记载了这一次的分封户数：母亲诃额仑和幼弟斡赤斤共得一万户；长子术赤得九千，次子察合台八千，三子窝阔台五千，幼子拖雷五千；弟哈撒儿四千，阿勒赤歹二千，别勒古台一千五百。《秘史》特别提到"母亲嫌少，不曾做声"，可见这种分封在被封者看来是理所当然的。与分得的人户相应，每个人也分得了土地。成吉思汗在出发西征前就给弟弟们分了封地。他们都分在成吉思汗驻地的东面，故称"东道诸王"或"左手诸王"。西征结束后，成吉思汗根据新增的疆域，又给诸子划分了封地。术赤分得额尔齐斯河以西，直到"蒙古人马蹄所及之处"（意即很远很远），包括阿姆、锡尔两河下游原花剌子模北部。察合台分得畏兀儿与河中之间原西辽故地，他的驻地在阿力麻里附近的虎牙思。窝阔台的封地在叶密立（今新疆额敏）和霍博（在今新疆和布克赛尔）地区。拖雷是幼子，他是否一样有封地，还是按蒙古"幼子守产"的风俗即以成吉思汗大斡耳朵所在为封地，史学界有不同意见，我们这里暂不讨论。总之，诸子宗嗣被称为"西道诸王"，又称"右手诸王"。蒙古人尚右，西道诸王既然是成吉思汗诸子宗嗣，其地位明显高于东道诸王。大汗的位置只属于西道诸王，东道诸王不得问鼎，后来成吉思汗幼弟铁木哥斡赤斤就因为在贵由即位前觊觎汗位而被处极刑。诸王封地称兀鲁思，其地之最高统治者称汗。成吉思汗规定，诸王各守封国，汗位只能由一人继承。

成吉思汗在完成了上述这些政务以后，又开始了他的征服活动，于公元 1226 年春亲自率兵进攻西夏。

西夏自公元 1211 年神宗遵顼即位以来，一直采取亲蒙仇金方针，乘蒙古连年伐金的机会，多次攻占金地，金也不时予以回击。彼此虽无太大的胜负，但时间长了，均感疲惫，故而双方朝中均有人主张议和。另一方面，面对蒙古日益频繁的征调，西夏也觉不堪奔命，渐渐露出不满。1217年，蒙古有感于西夏的不满，又发兵威胁西夏。蒙古军突破西夏防卫，直抵中兴府，将城包围。遵顼留太子德任居守，自己逃到西凉，再次派人向蒙古乞降。蒙古军无意久留，随即退走。此后西夏朝中反对附蒙伐金的倾向愈益加重，1219年坚决反对参加蒙古西征的阿沙敢不就是这一倾向的代表，遵顼本人则摇摆不定。1219年冬至次年秋，西夏与金两次移文议和，均无结果。当时金朝正困于蒙古的攻战，对与夏议和有较多诚意，在给夏国的议和书中强调两国为"唇齿之邦"，希望同舟共济，共同对付蒙古，但终因遵顼首鼠两端，和议未成。1223年春，遵顼命太子德任伐金，德任力主与金议和，遵顼不听。德任请求避太子位，愿削发为僧。遵顼怒，囚德任于灵州。御史中丞梁德懿上书进谏，切中时弊，亦被罢免。遵顼派兵十万助木华黎攻金凤翔府，金兵坚守，夏兵厌战，遂不告木华黎而退。入冬后，蒙古以凤翔之役西夏无礼，兴兵问罪，围夏积石州，四出抄掠。遵顼害怕，于这年底传位于太子德旺，自称上皇。元人评论遵顼说："自天会议和，八十余年〔金〕与夏人未曾有兵革之事。

及贞祐（公元1213—1217，遵顼即位于1211年）之初，小有侵掠，以至构难十年不解，一胜一负精锐皆尽，而两国俱敝。"夏、金的矛盾恰好对蒙古有利。德旺即位，是为献宗，他决定改变遵顼的方针，与金言和，互称"兄弟之国"。他听说成吉思汗尚在西域，暗中派人去漠北诸部结援，企图反抗蒙古。成吉思汗得悉，密诏木华黎子孛鲁讨伐西夏。1224年秋，孛鲁攻克银州，杀夏兵数万，掳牲畜数十万头，俘西夏监府塔海，命都元帅蒙古不华镇守其地要害，然后退兵。德旺怕蒙古再来进攻，派使臣去蒙古军前请降，并保证以子为质，但事后又反悔，不送质子，仍图抗蒙，终于酿成灭顶之灾。

公元1226年春（一说秋），成吉思汗发兵前先派使臣去对德旺说："我西征前向你们调兵，你们不服从，还讥刺我，现在我胜利归来，要同你们算账。"德旺说："我没有讲过讥刺的话。"这时阿沙敢不出来说："那话是我说的。你们要打仗，就来贺兰山；你们要金银绢帛，就来凉州取。"于是战争爆发。蒙古军先后攻占黑水等城，进取沙州、甘州、肃州、凉州。阿沙敢不有勇无谋，被蒙古军擒杀，跟随他的百姓全被俘虏。成吉思汗恨肃州军民长久不降，下令屠城，仅106户得免于死。这时，夏献宗德旺惊悸而死，其侄南平王睍继位。十一月，蒙古军破灵州，大败西夏嵬名令公所率援军，进围中兴府。1227

年春，成吉思汗料定中兴府指日可下，只留部分军队继续围攻，自己率大军进入金境，破临洮府及洮、河、西宁三州，又拔信都府、德顺州。闰五月，避暑于六盘山。六月，继续南进，至秦州清水。七月，成吉思汗病死。临死前遗言：秘不发丧，勿使敌知；中兴府出降时，立即将夏主与居民全部消灭。不久，中兴府粮尽，夏主觊出降，被杀。居民也遭杀掠，幸有人劝阻，未被屠尽。西夏至此灭亡，计立国一百九十年。

成吉思汗卒年六十六岁。从各种记载看，他的死是多年积劳所致。他的遗体被送回漠北本土。为了保密，护送遗体的蒙古军士杀死了沿途遇到的每一个人。遗体埋葬在鄂嫩、克鲁伦、土拉三河的起源地不儿罕山的起辇谷，据说这是他生前自己指定的。分散在大蒙古国各处的宗王、后裔、权贵们纷纷赶回漠北，参加隆重的葬礼。许多人悲痛欲绝，有的（如木华黎子孛鲁）哀毁过甚，以至构疾不起。葬后地被填平，一任青草丛生，无从辨认。本世纪中叶有几个国家的历史学家和考古学家试图用现代技术寻觅其地，结果毫无收获。

第三章
窝阔台时期的征服战争（公元1230—1241年）

- 成吉思汗灭金方略：假道于宋，直捣大梁

- 金的灭亡

- "端平入洛"与蒙宋战争

- 拔都西征或长子出征

- 速不台的丰功伟绩

- 金帐汗国的形成

我们知道，成吉思汗在西征前已经指定窝阔台为大汗继承人。但从形式上讲，新汗即位必须召开忽里台通过，故而从成吉思汗去世到窝阔台登基，中间有段时间汗位空缺。根据蒙古"幼子守产"的习俗，这段时间里就由拖雷监摄国政。拖雷摄政两年，至公元1229年秋天才举行忽里台，拥立窝阔台即大汗位。为什么要隔这么久？忽里台举行期间又有什么隐秘？中外史学家对这两个问题有些不同说法，我们留到后面去讲。现在

集中叙述窝阔台时期蒙古的征服活动。

一、灭金

窝阔台既即大汗位，就从拖雷手里接过原属成吉思汗的护卫军万人和大汗的一切权柄。不久，他便想到要继续伐金，完成成吉思汗未竟之业。他派人去对察合台说："我坐了父亲现成的位子，别人会说我凭什么本事。你如果赞同，我们去伐金如何？"察合台立刻表示同意。于是，窝阔台即位一年后就亲率大军南下伐金。《元史·太祖纪》记载，成吉思汗临终时留下遗言说："金精兵在潼关，南据连山，北限大河，难以遽破。若假道于宋，宋、金世仇，必能许我，则下兵唐、邓，直捣大梁。金急，必征兵潼关。然以数万之众，千里赴援，人马疲敝，虽至弗能战，破之必矣。"这是成吉思汗伐金 16 年的经验总结，他要后继者利用宋、金矛盾，把用兵重点移到金的西南，然后直捣汴京。窝阔台灭金，大体上遵循了成吉思汗的方略。

公元 1330 年秋，蒙古军大举南伐，入山西，破天成等堡，渡黄河，拔蒲城、韩城。当时金平章合达、参政蒲阿守阌乡（今河南灵宝西），以卫潼关，一时难下，蒙古军遂往西围攻凤翔。次年正月，金哀宗两次诏谕合达、蒲阿领兵出潼关解凤翔之围，两人均未从命。四月，凤翔陷落，金兵放弃京兆，迁居民于河南，潼关以西之地尽失。但潼关把守仍严，蒙古军屡攻不克。窝阔台北返官山九十九泉（今内蒙古卓资北灰腾梁）避暑，召集诸侯王商讨如何加快灭金。有个名叫李昌国的降人，向拖雷建议"出宝鸡，入汉中，不一月可达唐、邓"，拖雷深以为然，转告窝阔台，遂被采纳。窝阔台决定兵分三路：斡赤斤领左军由济南西进；拖雷总右军自凤翔渡渭水，过宝鸡，入小潼关，经宋境，顺汉水而下；自以中军自碗子城南下，渡河，由洛阳进。期以明年春会师汴京。计议既定，窝阔台军在入秋以后围攻金河中府（今山西永济西）。合达、蒲阿派元帅王敢率兵万人前往救援，未能解围。十二月，河中府陷。1232年正月，窝阔台军由河清白坡（今河南孟津北）渡河，进屯郑州。金卫州节度使完颜斜捻阿不弃城逃汴京，黄河遂不守。

拖雷军先锋按竺迩在公元1231年秋进入宋境，先以武力破宋阶、成、凤、西和四州与天水军，以及七方、武休、仙人三关。其后为加快进入金境，方派搠不罕赴宋营商借道路伐金。宋都统张宣愤蒙古军无端攻破五州三关，派人诱杀搠不罕。拖雷抓住这个把柄，分兵攻宋诸城堡，长驱入汉中，进袭四川，纵兵大掠。在蒙古军压力下，驻守兴元的宋将只好让开大路，派人引蒙古军出饶风关。拖雷军从金州（今陕西安康）

东进，取房州、均州。十二月，渡汉水，入邓州境。此前金已
将合达、蒲阿军调防邓州，他们在州西南禹山险隘设伏兵 20
万，以待蒙古军。拖雷军不满四万，金军初战却敌，但心存畏
惧，不敢主动进攻。拖雷军见金军人众，又守有利地形，便悄
悄散开北行，抄掠金军后方，只留少数人马迷惑金军。1232 年
正月，合达等发现拖雷军主力已转移，害怕他们乘虚袭击汴
京，也跟着北撤。拖雷军所过势如破竹，泌阳、南阳、方城诸
县全被攻陷，所有积聚焚毁无遗。金军人多臃肿，行动缓慢，
又缺给养，等到达钧州（今河南禹县）地面，已疲惫不堪。蒙
古军在此列阵以待，但并不正面迎战，而是间歇骚扰，使金军
不得休息，自己则等待中路军前来支援。因为就在金兵抵钧州
次日，窝阔台军攻下郑州，蒙古军的谍报联络工作是做得很好
的。正月十四、十五两日，天降大雪，金军饥寒交迫，困在距
钧州二十里的三峰山下，完全丧失战斗能力。蒙古军装备较
好，习惯于寒冷气候，窝阔台派来增援的一万余骑也已赶到，
于是拖雷下令奋击金兵，"大破之，追奔数十里，流血被道，
资仗委积，金之精锐尽于此矣"。蒲阿在逃往汴京的路上被俘。
合达率数百骑逃入钧州，不日钧州陷，被杀。

　　三峰山一战，形势急转直下。金哀宗调潼关守将徒单兀
典、纳合买闰、完颜重喜等率兵入援。兀典等欲奔邓州，一路

遭蒙古军袭击。至铁岭（今河南卢氏县北），重喜先降被杀，稍后兀典、合闰也被蒙古军擒杀，十余万金兵不战而溃。其后河南十余州均被蒙古攻陷。四月，窝阔台、拖雷北归避暑，留速不台攻汴京，动身前遣使入汴京谕降。哀宗意欲议和，派去人质与讲和使。此时蒙古军继续攻城，城中军民群情激奋，坚持抗敌，用震天雷、飞火枪等火药武器还击围城的蒙古军，造成较大伤亡。蒙古军围攻十六昼夜，不克，暂允议和。金廷喘了口气，又是大赦，又是改元；汴京解严，许百姓男子出入；派使臣奉金帛珍异诣蒙古军将帅答谢许和；一时好不热闹。但很快就流行瘟疫，五十日内诸门送出死者九十余万。七月，蒙古遣使臣唐庆等三十余人入城迫金朝投降，被金朝军士申福、蔡元擅自杀死，哀宗免究其罪，蒙金和议遂绝。八月，金参知政事完颜思烈等率兵自汝州（今河南临汝）入援汴京，在郑州西面的京水被蒙古军击溃。此后汴京粮食紧缺，金廷多次搜括百姓存粮，以至"京师人相食"。哀宗见汴京已不可为，决定出走。1233年春，他以参知政事兼枢密院副使完颜奴申、西面元帅崔立留守汴京，自率部分大臣奔归德。崔立随即杀完颜奴申等人，向蒙古投降，速不台率兵入汴京。

哀宗在归德坚守了几个月，但内部矛盾重重，悍将专权跋扈，粮食缺少，故而又议奔迁。六月，哀宗入蔡州（今河南汝南），遣使约各道会兵于蔡，整顿朝政，以图恢复。但是，他的时间已经不多了。蒙古军经过几年战争，自身也感疲惫，还深受粮食紧缺之苦，希望尽快结束这场战争，所以他们变"假道于宋"的计划为联宋伐金。这年八月，蒙古都元帅塔察儿又派汉人王檝使宋，既请宋人提供军粮、装备，又与宋约定会攻蔡州，答应攻下蔡州后将河南归还宋朝。九月，塔察儿率领的蒙古军逼近蔡州，他们筑起长垒，耀兵城下。十一月，宋将江海、孟珙领兵万人抵蔡，他们还给蒙古军运来粮食三十万石。这时双方力量对比是那么悬殊，哀宗自知回天无力，决定以身殉国。天兴三年正月初九日（1234 年 2 月 19 日），蒙古军攻破西城。当晚，哀宗传位于宗室承麟。次日，承麟即帝位，百官称贺，礼毕急出御敌，宋兵已入南城。城中发生激烈巷战。哀宗自缢，承麟被乱兵杀害，金亡。金自 1115 年阿骨打建国，立国凡 120 年。

灭金提高了窝阔台的威望，现在他不再担心别人议论他坐了现成的位子，他不失时机地利用灭金胜利来加强自己的权力。当年五月，他在达兰达葩之地大会诸王、那颜，颁行若干他自己制定的新札撒，又为严密宿卫制度作了一些新的规定。同时，在他脑际开始酝酿起一个新的征服计划，这就是伐宋和新的西征。次年春天，新的征服计划得到忽里台拥护，他委派了伐宋和西征的统帅，自己则留在漠北料理政务。

顺便提一下，窝阔台在灭金前后还侵略了高丽。高丽与蒙古的关系可以上溯到公元 1218 年，那一年成吉思汗派哈只吉、劄剌领兵追击跑入高丽的契丹人金山、六哥。高丽国王派兵会同蒙古军讨灭六哥，因而相约"两国永为兄弟"。后来蒙古每年都派使者到高丽任意勒索，高丽人民不胜骚扰，奋起反抗，于 1225 年杀蒙古使者，断绝关系。1231 年和 1232 年，窝阔台两次派兵入侵高丽，并且一度在王京（今开城）北部州县设立达鲁花赤，均被高丽赶出。1235 年，窝阔台再派兵侵入高丽，高丽不敌，高丽国王在 1241 年以族子为己子入质蒙古。后来在贵由、蒙哥称汗期间，蒙古又四次派兵征讨高丽。到忽必烈即位后，关系才算稳定。

二、侵宋

金亡以后，蒙、宋之间不再有任何合作基础，双方立刻转入互相防备状态。孟珙从蔡州回到襄阳，招兵分屯巢湖以北、樊城、新野、唐、邓间，名"镇北军"，以防蒙古。蒙古用塔察儿议，东起曹、濮，西抵秦、陇，在黄河南岸分布戍卒，防备南宋。可是，由于利害冲突，连这样的互防状态也维持不久，未及半载就发生了南宋出兵北上收复"三京"（指汴京、洛阳、归德）的事件。当年（公元 1234 年，宋理宗端平元年）六月，理宗下诏北征，庐州（今安徽合肥）知州全子才率淮西军万人抵汴京，城中居民立即杀崔立降宋。接着，宋权兵部尚书兼淮东制置使赵葵也率淮东兵由宿、泗赶到汴京。两军相合后，分兵取洛阳、郑州。时值炎夏，汴京河堤破决，水势泛滥，粮运不继，所得城市百姓稀少，无粮可借，给宋军造成极大困难。塔察儿派大将刘亨安前往洛阳，在城南龙门大败宋军，全子才、赵葵返宋后受降级处分。此事史称"端平入洛"，它的起因是争夺河南金朝遗地。事后蒙古指责南宋"开衅渝盟"，破坏和约，实际上这只是一种借口。蒙、宋既已接界，南宋必然成为蒙古侵吞目标，不管南宋采取什么对策，都影响不了蒙古继续南侵的意图。"端平入洛"的轻率举动，只是加速了蒙古的南侵。就在这年秋天，窝阔台在诸王大会上确定了征服南宋的方针。窝阔台先提出"自将伐宋"，木华黎孙、孛鲁子塔思此时已袭国王位，自告奋勇，愿带兵南征，窝阔台就让三子阔出（一作曲出）和塔思共同统兵征讨南宋。1235 年春，窝阔台再次召开忽里台，决定西征与南征并举。因西征参加者为各系诸王，尚需准备，次年方才出发。南征当年夏天开始，分两路进军：东路军由阔出、塔思和诸王口温不花（成吉思汗弟别里古台子）等率领，汉军万户张柔、史天泽等从征；

西路军由窝阔台次子阔端和都元帅塔海等统率，汉军万户刘黑马等从征。窝阔台派两子分统两军南下，固然反映出他对攻宋的重视，但与此同时他派诸系长子（包括他自己的长子贵由）率十余万大军西征，似乎又说明他并没有一举灭宋的打算。那时从东到西，两国交界绵延三千里，如果在兵力上不占绝对的优势，短期内是不可能征服南宋的。窝阔台已有灭金灭夏的经验，不会不懂得这一点。后来灭宋战争又用了四十多年，固然原因很多，但与窝阔台此时的做法不无关系。

1235 年夏，阔出一军经金州、房州、光化，顺汉水而东，七月二日抵唐州枣林，戍守唐州的宋京湖制置副使全子才等弃兵夜遁。九月，大举进入荆湖地区，宋邓州守将赵祥率部众开城门迎降，阔出用为先锋。蒙古军继攻枣阳，守将樊文彬督兵坚守，终因寡不敌众，枣阳被史天泽攻陷，文彬自缢死。蒙古军攻襄阳，不能下，分兵攻随州（今湖北随县）、郢州（今湖北钟祥）。1236 年二月，襄阳宋兵发生内乱，守将赵范等逃往荆州，城陷。其后随州等地宋朝将官也先后弃城逃跑，蒙古军顺利占领德安（今湖北安陆）、郢州、荆门、随州。蒙古军又攻枝江，进逼江陵，宋派孟珙往援。珙在江上多方防守，又率兵出击，败蒙古军，江陵得完。十月，塔思率军南下攻蕲、黄，破固始，进拔符镇、六安县焦家寨。这时，阔出卒于军中。据《史集》记载，阔出很聪明，窝阔台有意让他继承汗位。主帅之死，无疑影响到蒙古军的作战，其后一段时间，蒙古军徘徊不前，有些地方又为宋朝夺回。

1237 年秋，张柔率兵往屯曹武镇（今湖北京山县东）。十月，口温不花与塔思率主力南下，与张柔兵会合，取光州（今河南潢川），分兵四向。塔思往东南，攻大苏山（今河南商城县东南），大肆屠掠。史天泽向西南，取复州（今湖北天门）。口温不花自率大军南下，宋舒城（今安徽舒城）、蕲州（今湖北蕲春）守臣闻风逃跑，两地不战而下。蒙古军集中兵力攻黄州（今湖北黄冈），宋派荆鄂都统孟珙往援。两军先激战于江上，继对垒于城下。蒙古军以火炮攻城，孟珙督军民坚守。战斗延续到次年春间，蒙古军损失颇重，撤围而去。在围攻黄州期间，蒙古军还北上攻安丰（今安徽寿县南）。宋安丰知军杜杲善守城，早有准备，得池州都统制吕文德军援助，又与邻境寿春（今寿县）界上的余玠军配合，粉碎了蒙古军的多次进攻。蒙古军围城三月，死亡万余，落得与黄州之役一样的结果。大约经过半年多的准备，1238 年秋，蒙古军在马步军都元帅察罕统率下，再次攻淮西。察罕是西夏人，早从成吉思汗，参加过攻金、西征、灭西夏，作战经验丰富。他的军队由多种民族组成，号称八十万，猛攻庐州（合肥）。这次又逢杜杲守城，蒙古军攻势虽然凌厉，仍不见效。察罕攻城先用女真人、汉人，不胜；再用回回人，又不胜；最后用蒙古人，还是不胜。城下遗尸二万六千，损失辎重器械不计其数，蒙古军只好转移，取了天长县和滁、寿、泗等州。当时庐、泗、盱眙、安丰间宋兵防御严密，察罕军虽有小胜，锐气已减。相比而言，南宋军队战斗力有所增强。就在这一年，受孟珙节制的京西湖北路陆续收复光化、信阳、郢州、荆门等地。1239 年，襄阳也复归宋有。淮东宋将余玠还率水军溯淮入河，经亳州（今安徽亳县），上抵汴城、河阴（今河南荥阳北），战胜蒙军，全师以还。

现在我们来看西面的阔端军队这几年的作战情形。1235 年八月，阔端军由凤州入河池（今甘肃徽县）。九月，破沔州（今陕西略阳），宋知州高稼战死。宋四川制置使赵彦呐屯青野原（在今徽县南），被蒙古军围困，宋将曹友闻率军救援，击退蒙古军。蒙军又从秦州南下，一支攻文州、阶州，一支趋大安，意欲入蜀。赵彦呐督诸将拦阻，曹友闻守阳平关（今陕西宁强西北），再败蒙古军。十月，阔端亲率大军至巩昌（今甘肃陇西），早先已向蒙古纳款的金巩昌便宜总帅汪世显率军民万家归附。汪世显为汪古部人，是当地豪族，他归附后从征蜀地，增强了蒙古军的力量。这一年阔端军的目标似乎只是抄掠与侦察，得地多不置守，颇像早年伐金时那样。

1236 年三月，宗王穆哥（拖雷第八子）自西和州（今甘肃西和）南下，进入阶、文、龙（今四川江油县北）三州边外的诸蕃之地，招徕一批诸蕃部兵。八月，蒙古军大举南下。阔端以塔海为元帅，以汪世显为先锋，率蒙古、西夏、女真、回回、吐蕃、渤海等族军，号称五十余万，出大散关而南；另以穆哥与大将按竺迩破宕昌（今甘肃宕昌县东南），经阶州、龙州，出阴平（今四川剑阁西北）古道，期于成都相会。阔端军先攻武休关（今陕西留坝县南），击溃宋兴元戎司都统李显忠所率军队，遂入兴元，再由兴元西冲大安。赵彦呐调曹友闻守大安，曹友闻欲凭险据守沔阳（今陕西勉县东），彦呐不从。友闻无奈，只得于阳平关设伏以待蒙军。九月下旬，塔海率兵抵关，伏发，遭关内外宋兵夹攻。次日，阔端、汪世显军赶到，蒙古兵力大增。曹友闻军寡不敌众，赵彦呐不予援助，苦斗二日，全军战殁。阳平关一失，沿线宋军相继后撤，蜀门大开，蒙军迅速进入内郡。十月一日，阔端军入朝天关（今四川广元北），十日至阆中，然后一分为三：涉江而西者入普城（今安岳）；顺流而下者入顺庆（今南充）；由新井（今南部县西）、监亭而东者入潼川（今三台）。十八日，阔端军齐集成都附近，当天有蒙古铁骑三百诈竖李显忠旗帜进入成都。四川安抚制置副使兼知成都府丁黼等起初误以为是前线败归的宋兵，张榜招纳，及至弄清来者真面目，才匆忙应战。十九日，蒙古兵大至，城陷，丁黼死于巷战。阔端分兵四出，内地州县本不设防，大多不战而破。"凡四川府州数十，残其七八"。蒙古军队继续执行屠戮烧掠的方针，所经之地人口锐减，田园荒芜。其后阔端自返河西，途经汉州（今广汉），穆哥也率军来会。塔海与按竺迩留在蜀地，此后二三年间，不时纵兵四出抄掠，进一步残害蜀地州县。1239 年秋，按竺迩部沿嘉陵江而下，取重庆。汪世显部东抵万州（今万县），然后顺流东下，破夔州（今奉节），至巫山；部分蒙军南向破施州（今湖北恩施）。此时已届 1240 年初。南宋朝廷恐长江上游蒙古军继续东进，威胁中游，急忙调兵上御。幸而此时江陵以下地区形势较缓，孟珙时任京湖制置使，帅师西上，与蒙古军激战于归州（今湖北秭归），在巴东击溃蒙军，遏制了蒙军冲出三峡的意图。

从公元 1235 年到 1240 年，蒙古与南宋打了五年仗，与战争相伴，也有过议和的举动，但因蒙古要价过高，和议未成。1240 年和 1241 年，蒙古又先后派遣王檝与月吕麻思使宋议和。此时南宋已认识到蒙古并无诚意，更重要的是宋军在战场上的地位已有好转，故而将王檝、月吕麻思扣留不放，后来两人都死在宋境。

公元 1241 年十一月窝阔台去世，此后数年蒙古并未停止侵犯南宋，塔海、按竺迩、察罕继续在四川和江淮以北与宋军作战，但因蒙古宗王忙于汗位争夺，无暇南顾，使蒙宋战争一直处于僵持状态。

三、拔都西征

窝阔台关于再次大规模西征的决定，是与伐宋的决定同在公元 1235 年作出的。事实上，他在即位之初就已经开始向西方派兵了，那是由札兰丁图谋重建花剌子模帝国引起的。1224 年成吉思汗东归后，札兰丁从印度回到伊朗，很快夺得起儿漫（在撒马尔罕与布哈拉之间）、伊斯法罕等地，被花剌子模旧将和各地诸侯拥戴为王。其后四五年内，札兰丁进取阿塞拜疆全境，占桃里寺，侵谷儿只，攻巴格达，恢复了许多原先被蒙古军攻占的地方。因此，窝阔台一即位就派箭筒士绰儿马罕领军三万征讨札兰丁。绰儿马罕从呼罗珊进攻阿塞拜疆，札兰丁本人不战而逃，于 1231 年 8 月死于土耳其东部的山中。此后绰儿马罕就留在那里，他的军队在 1233 年抵桃里寺，在 1236 年入大阿美尼亚。1241 年绰儿马罕病死，其妻代领其众，次年由拜住接替。

公元 1235 年窝阔台决定大举西征时，由于绰儿马罕已经在中亚站稳脚跟，主要目标便集中在钦察草原和罗斯地区，那里有许多地方是十多年前者别、速不台风驰电掣般地抄掠过的。据说，窝阔台本想亲征钦察草原，其时蒙哥在旁，表示有事可由子弟服其劳，使他放弃了亲征的想法。他根据察合台的意见，命令各支宗室的长子参加西征，各万户、千户、百户那颜以及公主、驸马的长子都要从征。窝阔台说："这派遣长子出征的意见是察合台兄提出的。察合台兄曾说：增援速不台可令诸皇子的兄长出征。如果以长子出征，则兵多将广。兵多了就表现威力强大。那里的敌人多，敌国广；那里的国家百姓也厉害，据说愤怒的时候能用刀砍死自己，而武器也很锐利。依照察合台兄这样谨慎的话，所以派遣长子出征"（这段话《四部丛刊》本《元朝秘史》总译的文字过于简略，未尽其意。此处引自中华书局1956年出版的谢再善译《蒙古秘史》270节）。因为有窝阔台这番话，有的历史书就称这次西征为"长子出征"。但是，参加西征的不限于长子，《史集》列出了参加者的名字，他们是：术赤子拔都、斡儿答、别儿哥、昔班，察合台子拜答儿、孙不里，窝阔台子贵由、合丹，拖雷子蒙哥、拨绰，等等。窝阔台明确指示："这些远征的皇子和大臣们以拔都为首领导"，因而习惯上称这次西征为拔都西征。这一年贵由、拔都、蒙哥都是二十六、七岁的人，虽然过去二十多年从别国掠得的财富已足以供他们尽情享受，察合台、窝阔台仍要他们领兵远征，他们本人也不辞疲劳，足见那时蒙古统治者的尚武精神如何强烈。窝阔台同他父亲一样，肯把几个儿子（贵由、阔端、阔出和合丹）同时投入战场，这是南宋皇帝绝对做不到的。就这一条，也能起到鼓舞士气的作用。西征军的灵魂是速不台，他早有西征经验，而且在灭金战争中又一次显示过他的统军才干，足以辅导诸王。

公元 1236 年春，速不台与大部分参征诸王动身西行，所率军队大约有十余万人。他们在秋天到达不里阿儿人境内，与先已抵达的拔都兄弟会合。蒙古军很快攻克不里阿儿城，这是座大木城，1223 年速不台与者别曾攻打该城，没有取胜。此次攻克后，大肆虏掠，将城焚毁。入冬以后，蒙古军沿伏尔加河而下，居住在伏尔加河与乌拉尔河之间玉里伯里山的钦察部首领之子班都察率众归附。另一钦察部首领八赤蛮不肯降，被蒙古军击败后逃至里海一岛上藏身。蒙哥听说后迅速前往，涉水登岛，擒杀八赤蛮，屠其部众。然后蒙哥又攻打了附近的阿速人。

公元 1237 年秋，拔都召开了一次忽里台，决定诸王共同征伐罗斯（13 世纪的罗斯不等于今天的俄罗斯，它包括第聂伯河中游地区，今天乌克兰首府基辅亦在其中）。蒙古军首先征服位于伏尔加河丘陵地西北部的莫尔多瓦，进抵梁赞国。他们先向梁赞大公尤里·伊戈列维奇（玉里吉）提出要全体居民缴纳什一税，遭到拒绝。尤里·伊戈列维奇一面派人向邻近其他大公求援，一面派儿子费多尔率领使团带着礼物去见拔都，但是他的努力都失败了。1237年12月16日，蒙古军包围梁赞城。经过六天激战，至第七天城陷。大公被杀；居民有的被杀死，有的被烧死。"一切荡然无存，只剩下烟、焦土与灰烬。"接着，蒙古军队经科洛姆纳和莫斯科绕向弗拉基米尔公国，在科洛姆纳击溃弗拉基米尔大公尤里·弗谢沃洛多维奇的军队。当时莫斯科城尚小，居民没有抵抗，仍被屠掠，守城大公也被俘虏。1238年2月3日，蒙古军抵达弗拉基米尔城下，四天后攻陷该城，纵兵大掠，继之以火。尤里·弗谢沃洛多维奇正外出召集军队，整个弗拉基米尔公国很快落到蒙古军手中。3月4日，拔都军队在西齐河上击溃罗斯军队，尤里·弗谢沃洛多维奇战死。次日，蒙古军别部攻占托尔若克。在此期间蒙古军分兵四出，攻陷罗斯托夫、雅罗斯拉夫、戈罗杰茨、尤里也夫、德米特里也夫、沃洛克诸城。

3月中旬，蒙古军向诺夫哥罗德方面前进，但不久因气候转暖，湖泊解冻，道路泥泞，被迫后退。拔都在回路上转向东南，顺路攻打科集尔斯克城。这是个小城，但其军民英勇抵抗，苦战七周后方才陷落，居民被屠杀。由科集尔斯克再向南便进入钦察草原西部。钦察汗忽滩被击溃，带着残部逃往马札儿（匈牙利）境内。拔都军在钦察草原休整一段时间，又返回罗斯，朝第聂伯河推进，灭彼列亚斯拉夫尔公国。这年冬季，蒙哥、贵由统兵征讨库班河的阿速人，攻阿速都城蔑怯思，三月方克。阿速一部首领杭忽思率众降，蒙哥命其子阿塔赤及阿速军千人从征。

公元 1240 年夏间，蒙哥率兵来到基辅，据说他对这座城市的美丽与宏伟感到惊奇，不想毁掉他，派使者入城劝降。基辅人杀死使者，基辅大公米哈伊尔逃往匈牙利。形势虽然危急，罗斯王公们仍不忘内讧。斯摩棱斯克的一位王公被请到基辅执政，却被伽里赤公丹尼尔抓走，后者让德米特尔千户镇守基辅。不久，拔都亲率大军围攻基辅。蒙古军用攻城机击破城墙，冲入城内，在教堂附近与居民战斗。德米特尔受伤，城陷后他因表现勇敢被拔都赦免。基辅被攻占的日子，一说是 11 月 19 日，一说是 12 月 6 日。拔都、速不台、蒙哥、贵由、斡儿答、拜答儿、不里、合丹都参加了攻城战役。此后，贵由、蒙哥便被窝阔台召回蒙古。

公元 1241 年春，蒙古军继续西进。他们分成两支，一支由拜答儿与速不台子兀良合台等率领侵入波兰（孛烈儿），另一支由拔都和速不台率领侵入匈牙利。当时波兰处于分裂状态，国王无力组织抵抗。拜答儿军于2月渡过维斯瓦河，蹂躏桑多梅日和波兰首都克拉科夫。继而进入西里西亚，渡奥得河，攻西里西亚都城弗洛茨拉夫。西里西亚大公亨利在利格尼茨城集结波兰军、日耳曼兵和条顿骑士团共三万人，准备迎敌。蒙古军在数量和装备上均占优势。4月9日，两军交战于利格尼茨附近的尼斯河平原，波兰条顿军大败，亨利被杀。传说蒙古士兵在战场计算杀敌数目，从每个尸体上割下一耳，总计装了九大袋。当月蒙军入摩拉维亚，一路焚杀，直到今天的德、捷、波三国交界处。拜答儿又领兵围攻摩拉维亚境内的奥洛穆茨城，城中军民坚守，不克。6月24日夜，城中军民突袭蒙古军营，蒙军不备，损伤较大，拜答儿战殁。蒙军杀战俘祭拜答儿，三日后撤围南下，入匈牙利，与拔都大军会合。

拔都军在3月进入匈牙利，兵锋直指匈都城佩斯。匈牙利国王贝拉四世在位已五年，与诸侯、贵族不和。1239年贝拉四世接纳被蒙古击败的钦察汗忽滩数万人入境，他们所过骚扰，激起原有居民怨恨。这些矛盾交织在一起，削弱了匈牙利的战斗力量。3月12日，当边防将领归报蒙军已入境时，贝拉正在布达城召集诸侯、贵族开会。他立即让与会者各还本地征集军队，自己纠集军队屯驻布达对岸的佩斯城（两城今合称布达佩斯）。蒙军不日至佩斯城下，连续挑战，贝拉坚守不出。这时居民见蒙古军中有不少钦察人，怀疑忽滩与蒙古军同谋，招之来匈牙利，便杀忽滩及其左右人员。各地农民闻讯，纷纷杀钦察人，钦察人也杀匈牙利人为忽滩复仇，国中大乱。贝拉原来指望钦察人组成军队与蒙军作战，至此希望全部落空。4 月，各地援军稍至，贝拉率兵出战，蒙军后退至撒岳河东。贝拉营于河西，附近有桥，以为蒙军只能过桥来袭，派千人守桥。4 月 10 日夜间，速不台在下游结筏偷渡，绕至贝拉军营后方，拔都率诸王先从上流涉浅滩过河，置七炮攻桥。黎明，匈军发现被围，士兵丧失斗志，竞相夺路而走。蒙古兵在后追逐，杀敌无数，在速不台率领下乘胜攻拔佩斯城，尽杀居民，纵火而去。据《元史·速不台传》记载，速不台在此战役中起了决定性作用。当时诸王对是否立即进取佩斯有些迟疑，要速不台转回，速不台说："你们要回自回，我不到多瑙河佩斯城决不返回。"说完驰马直扑佩斯，诸王立即跟上。后来拔都说起此事，赞道："当时所获，皆速不台功也。"

近代西方史学对事实上是以速不台为首的这支蒙古西征军的作战能力，给予极高的评价。英国历史学家约翰·巴格内尔·伯里（公元 1861—1927 年）说："只是在最近，欧洲的历史才开始懂得，1241 年春天那支蹂躏了波兰、占领了匈牙利的蒙古军队之所以赢得胜利是由于完善的战略，而不是仅仅由于数量上的压倒优势。……在维斯瓦河下游伸延到特兰西瓦尼亚的军事行动中，指挥官的部署得到那么准时和有效地贯彻执行，这是令人惊异的。这样的一个战役是完全超出那时任何欧洲军队的能力的，也超出任何欧洲指挥官的想象能力的。在欧洲，上自〔德皇〕弗里德里希二世，下至他的麾下，没有一个将军在战略上比起速不台来不是一个阅历浅薄的新手。我们还应当注意到，蒙古人是充分了解了匈牙利的政治形势和波兰的情况才从事这场战争的——他们用组织得很好的密探系统取得情报；而另一方面，匈牙利人和基督教诸国，却像幼稚的蛮族人一样，对自己的敌人几乎一无所知。"

公元1241年夏秋间，蒙古军队仍在多瑙河东面匈牙利平原驻扎，休养兵马，时而外出抄掠。8月，一支蒙古军进至维也纳新城附近，当时城中仅有戍兵五十、弩手二十。奥地利公和波希米亚王等合兵来御，蒙古兵退走。12月，拔都率军踏冰过多瑙河，于圣诞节那天攻取匈牙利另一大城格兰。1242年初，派合丹领一军追逐匈牙利王贝拉。贝拉先逃到奥地利，维也纳公弗里德里希二世起初伪装欢迎，很快就乘人之危多方逼迫贝拉。贝拉携家属出走克罗地亚境内的萨格勒布，最后逃入亚得里亚海边岛上。合丹军一边追赶，一边沿途抄掠，于3月间屯驻海边，守望贝拉所栖小岛。不久，进兵达尔马提高地，取道塞尔维亚，与拔都军会合，此时窝阔台去世的消息已经传到，拔都正准备东返。他们在高加索山北部驻扎数月，因钦察人又起来反抗蒙古统治，攻拔都之弟升豁儿，需出兵镇压。1243 年初，拔都大军回到伏尔加河下游营地。

这次西征的结果，是在钦察草原及其邻近地区的辽阔土地上形成了一个大国，它在中亚史料中称为术赤兀鲁思或青帐汗国，在俄罗斯编年史中称为金帐汗国。

第四章
蒙哥时期的征服战争（公元 1251—1259 年）

- 汗位更迭与整顿朝政

- 旭烈兀西征与迷途者的下场

- 巴格达：五百年王朝的灭亡

- 伊利汗国的形成

- 大理：三百年王朝的灭亡

- 钓鱼台之战与蒙哥之死

　　自从公元 1241 年底窝阔台去世，蒙古国的政局动荡了将近十年。先是窝阔台六皇后脱列哥那摄政四年多，至 1246 年夏由窝阔台与脱列哥那所生长子贵由即汗位。贵由在位不到两年，死于西巡途中。自 1248 年夏季起，贵由妻斡兀立海迷失垂帘听政，朝政紊乱，政出多门。以察合台系、窝阔台系宗王为一方，以术赤系和拖雷系宗王为另一方，围绕着汗位继承问题明争暗斗，后一方终于取得胜利（详见本书第六章）。蒙哥在

1251年六月即汗位，立刻采取打击敌对诸王的种种措施，同时整顿朝政，加强大汗权力。他命忽必烈总领漠南汉地军民事；以忙哥撒儿为断事官；立燕京等处行尚书省事、别失八里等处行尚书省事、阿母河等处行尚书省事，分治中原汉地、畏兀儿至阿姆河、阿姆河以西之地。针对前几年诸王势力膨胀、擅自为政，蒙哥规定：凡朝廷及诸王滥发牌印、诏命、宣命，尽收回；诸王乘驿马，许乘三骑，远行也不得过四骑；诸王不得擅招民户。对南侵军队，蒙哥也作了布置："以茶寒（察罕）、叶了干统两淮等处蒙古、汉军，以带答儿统四川等处蒙古、汉军，以和里觯统土蕃等处蒙古、汉军，皆仍前征进。"在此以前，西藏封建主已自愿承认是蒙古藩属，故而此时蒙古在土蕃有驻军。

在蒙哥即位前的十年中，蒙古的对外征服战争基本上处于停滞状态。新的大汗要建立自己的威望，靠上述种种措施是不够的，还必须继续成吉思汗和窝阔台的扩张事业。拉施特说，蒙哥即位"第二年，国位已经巩固，涉及敌人和朋友的事也已办完，圣虑开始移注于征服世界上东、西方的远方各城"。这样就开始了新一阶段的征服战争，主要目标仍然是西方和南宋，分别由两个弟弟旭烈兀和忽必烈担当其事。拉施特说，当时蒙哥的想法是："既然某些国土已在成吉思汗时代征服，某些国土尚未从敌人处收复，而世界上的土地辽阔无比，因此，我让自己的每个兄弟去开拓边疆，去完全征服边地，加以守卫，而我自己则住在古老的禹儿惕里坐镇中央；无忧无虑地依靠他们，我将极幸福地度过岁月，并作出公正裁判。近处的某些敌人领地，我将亲自率领京城附近的军队去征服和解救。"

一、旭烈兀西征

旭烈兀西征的主要目标是伊斯兰教什叶派的一支伊斯玛仪派和以巴格达为中心的哈里发势力。伊斯玛仪是 8 世纪中叶什叶派第六代伊玛目（教长）贾法尔·萨迪格的长子，他因酗酒被其父剥夺伊玛目继承人的资格。他的追随者不服，在他们父子两人去世以后形成伊斯玛仪派。9 世纪以后，伊斯玛仪派在伊朗、叙利亚、阿拉伯半岛南部以及中亚地区有广泛影响，并传入北非，本身又分裂成许多小的支派。12 世纪中叶，伊斯玛仪派在伊朗中部和北部的一支发展很快，教义也起了变化，他们废除正统的伊斯兰教轨，形成一个宗教国，教长成了君主，组织军队，攻城略地，尤其注意培训刺客，从事暗杀活动。周围的穆斯林深受其害，称他们为木剌夷人，意为迷途者。蒙古征服伊朗大部分地区以后，这些木剌夷人继续进行骚扰。从 1242 年起镇守伊朗地区的拜住，曾向蒙古汗廷控告木剌夷人的种种罪行。其后首席伊斯兰教法官苫思丁·可疾维尼也向蒙哥诉说了木剌夷人横行霸道、夺取权力的某些情况。因此，蒙哥下决心铲除木剌夷人并非因为他们的教义，而是因为他们危害蒙古在当地的统治。

派旭烈兀西征木剌夷人，得到全体宗王的同意。据拉施特说，蒙哥从"旭烈兀的天性中看出了霸业的征候，并从他的作为中知道他的征服者的习惯"。这大概是指旭烈兀野心勃勃并且骁勇好战吧。蒙哥命令，过去由绰儿马罕、拜住先后率领的驻伊朗军队，以及由塔亦儿拔都、撒里率领的前往克什米尔和印度的军队，现在都归旭烈兀统领。蒙哥又命诸王各从自己的军队中每十人抽调二人，由诸王子弟率领从征。考虑到木剌夷人占领了许多山城堡垒，又从汉地签发炮手、火箭手千人随军前往。公元 1252 年 7 月，乃蛮人怯的不花率 12 000 人先行。1253 年 10 月，旭烈兀统兵出发，沿途不断受人宴请慰劳，不急不忙，到 1255 年 9 月才抵达撒马尔罕。接着在撒马尔罕附近宴乐四十天，又在碣石城住了一个月，分遣使者晓谕西亚诸国国王，要他们自率军队前来从征。次年 1 月，渡阿姆河，呼罗珊、阿塞拜疆、谷儿只的王侯都带重礼前来迎接。开春以后，阿母河等处行尚书省事阿儿浑前来晋见，随从中有后来写《世界征服者传》的作者志费尼。旭烈兀把志费尼和其他几个人留

蒙古军队

在身边，继续西行，至吉尔都怯堡。该堡筑于担寒山上，山极高险，悬梯上下，守兵强悍，先前怯的不花久攻不克。旭烈兀大军到后，架炮攻堡。旭烈兀又命怯的不花与诸将攻取忽希斯单（山地，在今伊朗伊斯法罕省与亚兹德省之间）未下诸地，屠秃温镇。5 月，蒙古军攻克沙黑里思丹，居民除工匠外全部被杀。

就在旭烈兀驻于碣石城的时候，木剌夷王阿老瓦丁被人暗杀，据说暗杀的主谋者是阿老瓦丁长子鲁克那丁。鲁克那丁继位后，派其弟沙歆沙向蒙古请降。公元 1256 年 6 月，沙歆沙谒见旭烈兀，旭烈兀要鲁克那丁本人来见，并且要他们毁掉几个城堡。鲁克那丁遵命毁了几个城堡，并同意在境内设置蒙古长官，但对自己出来谒见旭烈兀一事则请求宽限一年。旭烈兀认为鲁克那丁故意延宕，坚持要他本人尽快来见，同时又发兵攻下数堡。使者往返几次，鲁克那丁仍在麦门底司堡避而不出。于是旭烈兀命令诸军四路并进，于 11 月抵麦门底斯堡，架炮围攻。数日后鲁克那丁出降，派人陪同旭烈兀使者四出招谕未降诸堡，全部平毁。鲁克那丁自请朝见蒙哥，旭烈兀派人送他去蒙古，蒙哥拒见，鲁克那丁于归途中被护行的军校和随从杀死。旭烈兀在鲁克那丁去蒙古以后大杀伊斯玛仪派信徒，连儿童也不放过。鲁克那丁的族人全部被杀于阿卜哈尔和加兹温。

但伊斯玛仪派作为一个宗教派别在当地并未完全绝迹。

公元 1257 年春，旭烈兀从加兹温移驻哈马丹，准备进攻巴格达。当时统治巴格达的，是建立于 750 年的阿拔斯王朝。这个国家在中国史籍中称黑衣大食，西方文献称它为东萨拉森帝国。其王称哈里发，意思是"继承者"，即安拉的使者的继承者，世袭。10 世纪中叶以后，哈里发丧失其在穆斯林世界的政治权力，仅保有宗教领袖地位，辖境只有伊拉克阿拉比之地，但穆斯林诸国君长即位时仍需向哈里发请求册封。1242年，第三十七代哈里发谟斯塔辛即位，此人平庸无能，专务游乐，其下大臣互相倾轧，居民怨恨。旭烈兀了解了情况，于1257 年 9 月派使者去见谟斯塔辛，责怪他没有派兵从征木剌夷人，向他历数先前与蒙古敌对的各国君主的可悲下场，要他本人前来相见，最后警告他说："如果你服从我们的命令，那就不要和我们敌对，国土、军队、臣民仍将留下给你。如果你不听我们的劝告，想反抗我们，和我们敌对，那就部署军队，指定战场吧。"谟斯塔辛对旭烈兀的威胁不知道该怎样对付：他想聚集军队同蒙古人作战，却不舍得给士兵饷银和犒赏；他想同旭烈兀讲和，又不舍得向旭烈兀进献厚礼。他臣下还利用他的优柔寡断，屡进谗言，互相倾轧。最后，他莫名其妙地派使者去见旭烈兀，反向旭烈兀指出："迄今为止企图侵犯阿拔斯家族和世界之城巴格达的一切君主的结局都是非常不幸的"，"君王对阿拔斯家族蓄有恶念是不会有好处的。"旭烈兀非常愤怒，把使者打发走了就着手部署和装备军队。

11月，蒙古军三路并进：拜住与不花帖木儿、速浑察所统之军合为右翼，从摩苏尔渡底格里斯河到巴格达城西面，术赤诸孙率本系兵以从；怯的不花、忽都孙统左翼兵，自罗耳边境进；旭烈兀自领中军从乞里茫沙杭、火勒旺一道进。1258年1月中旬，哈里发副掌印官艾伯格和将官费秃丁领兵迎战，被蒙古军击溃，费秃丁与战士12 000人阵亡，艾伯格率残部退回巴格达。蒙古军进围巴格达，在河两岸筑垒，垒外掘濠向城，又取砖筑小丘，置投石机与炮石、火油瓶于丘上。1月30日，蒙古军同时向巴格达三面城门发起猛攻，先破东门。此后数日，哈里发几次遣使并遣子至蒙古军营请降，旭烈兀拒绝接见，继续攻城。2月10日，哈里发亲率三子及教长、法官、贵人等三千人出降。旭烈兀以礼接待，命令他叫城中居民弃械出城投降。城中居民蜂拥而出，全被屠杀。13日，蒙古兵入城烧杀，只有少数基督教徒与外国人幸免于难，因为旭烈兀长妻脱古思可敦和怯的不花都是聂里脱里派基督教徒。15日，旭烈兀骑马入城巡视哈里发宫廷，大宴诸将。席间叫来哈里发，要他交出宫中财物，又对哈里发后宫进行登记，共有后妃七百、宦者千人。巴格达连续烧杀七天，死亡八十万人。20日，旭烈兀离开巴格达，停驻于瓦黑甫村，下令处死哈里发及其长子。阿拔斯朝至此灭亡，立国五百零八年。

从伊拉克再往西，就是叙利亚了。叙利亚王纳昔儿见蒙古军攻陷巴格达，非常震惊，当年就派其子阿昔思和宰相札奴丁携重礼往见旭烈兀，意欲求和。旭烈兀责问阿昔思，为什么纳昔儿自己不来。他留下阿昔思，至次年开春放归，并让他带给其父一封谕降书，要求纳昔儿迅速归降。纳昔儿回书作答，宣称："纳昔儿王、赛甫丁、阿老瓦丁以及叙利亚之其他将卒不畏作战，急盼马嘶与战士之冲突，盖彼等曾发誓愿与汝等一战也。"于是，旭烈兀决定进兵叙利亚。1259年9月，旭烈兀以怯的不花为先锋，拜住统右翼，速浑察统左翼，自领中军从阿黑剌忒西进。一路攻城略地并召集邻近地区王侯率兵从征。不久，逾幼发拉底河。纳昔儿聚集军队结营于大马士革城北不远的伯儿哲，与臣下商议如何应战。宰相札奴丁主张纳款投降，大将贝巴儿思则持相反意见。纳昔儿本性暗弱，平日不理政事，喜作诗词，他的军队不相信他能有所作为，他也不相信军队将士敢与旭烈兀军队对阵，故而叙利亚军队不战自溃。纳昔儿慌忙将妻、儿和财宝送往埃及。公元1260年初，旭烈兀军围攻阿勒颇城，数日后城陷，烧杀五日，积尸遍街市。其后许多城市不战而降。纳昔儿从大马士革逃往埃及，大马士革人推法官木哈亦丁为首席代表，赴蒙古军营请降。旭烈兀赐给木哈亦丁锦袍，命他为叙利亚大断事官，保证保护居民的生命财产。3 月 1 日，怯的不花率军入大马士革。当时内城军民不肯投降，怯的不花从 3 月 21 日开始架炮攻内城，半个月后内城降，遭蒙古军屠戮焚烧。这时蒙哥去世的消息传来，旭烈兀决定返回伊朗大不里士，留蒙古军二万人交怯的不花统率，继续攻略未下地区。

纳昔儿逃至埃及，不容于埃及王忽秃思，辗转逃至巴勒哈，在齐查湖畔被蒙古军捕获。怯的不花把纳昔儿和他的亲属送往大不里士。据说旭烈兀待纳昔儿很好，答应在取得埃及以后把叙利亚还他。

怯的不花以旭烈兀的名义遣使招谕忽秃思投降，忽秃思与大臣们议定杀蒙古使者，出兵应战。由于旭烈兀在伊拉克、叙利亚对清真寺破坏较大，对基督教徒又特意保护，使忽秃思能够以保护伊斯兰教的名义呼吁圣战，激励将士。9 月 3 日，忽秃思军与怯的不花军会战于阿音札鲁特，蒙古军先胜后败，怯的不花战死（一说被俘后遭忽秃思杀害）。叙利亚大将贝巴儿思参加了这次战役，他乘胜而进，蒙古全军覆没。接着埃及军队进入大马士革、阿勒波，直到幼发拉底河边为止的叙利亚所有地区，俘获怯的不花的妻子、子女和亲族，杀死蒙古所置官员。消息传到旭烈兀那里，他悲愤异常，想出兵复仇，但因漠北阿里不哥与漠南忽必烈的战事已起，情况和时间都不允许他实现再次出兵的愿望，只得作罢。

旭烈兀在忽必烈与阿里不哥汗位之争中支持忽必烈，为此忽必烈把东起阿姆河，西至叙利亚边境，北抵高加索山，南至波斯湾的大片土地都划归他统治。他自称伊利汗。"伊利"是突厥语，意为部族。旭烈兀用这个名称表示他对大汗的从属关系，实际上是在钦察汗国的南面又建立了一个汗国，史称伊利汗国。他与拔都的继承人别儿哥不和，自公元1262年起交战两年有余。他以篾剌合（今伊朗阿塞拜疆马腊格）为都城，在那里建造了天文台。拉施特说他热爱知识，奖励学者。他于1265年2月8日病逝，年四十八。长子阿八哈继位。

二、灭大理

公元1252年，忽必烈受命攻南宋；在攻南宋之前，蒙哥派他先取大理。

大理是云南白族段氏在公元937年建立的政权，其统治区域，包括今天的云南全省、贵州和广西的西部、四川南部以及缅甸、泰国、老挝的部分地方，都城大理（今属云南）。境内民族繁多，经济、文化都有一定程度蹬发展。段氏崇奉佛教，政权与宗教几乎相混。蒙古征大理前，大理国主段兴智在位，但国家大权一直在世为相国的善阐（今昆明）高氏手中，国内阶级矛盾、民族矛盾及地区间的矛盾尖锐复杂，段氏不能治。蒙古自从阔端进入四川、吐蕃地区以后，曾几次试探进入大理国境，虽未深入，但对大理情况已经有所了解。蒙哥派忽必烈攻取大理，一方面固然以大理本身为目标，但更深的目的是要利用大理的人力物力与地势，从背后进攻南宋。

1252 年夏，忽必烈率军南下，以速不台子兀良合台总督军事。兀良合台曾参加其父与拔都领导的西征，又有拥立蒙哥为汗之功，是个有勇有谋的大将。参加远征大理的，还有汉人和色目人的军队。忽必烈身边的汉人谋士姚枢、刘秉忠、张文谦等，也随同出征。这些汉人谋士向忽必烈建议此行要少杀人，忽必烈表示能够做到。

1253 年夏，忽必烈驻师六盘山。八月，至临洮。不久进入藏族地区，到忒剌（今甘肃省迭部县与四川若尔盖县之间的达拉沟）后兵分三路，向南挺进。

西路军由兀良合台率领，入阿坝草原，取道今甘孜藏族自治州南下，入大理境内之旦当（今云南中甸）。摩些部酋长唆火脱因、塔里马等闻风来降。西路军遂渡金沙江，分兵入察罕章（即白蛮，今白族）境，依次攻下各个山寨，进取都城大理北面的龙首关（在洱海东北）。

东路军由诸王抄合、也只烈率领，经四川西北草原的古隘道，入松（松潘）、茂二州，出岷江故道，经雅、黎二州，渡大渡河南下。

忽必烈自统中军，经阿坝草原，循大渡河西岸南下，由今泸定县东渡大渡河，招降东岸吐蕃等部。九月，忽必烈自岩州出兵攻宋黎州，得西路军已渡金沙江的消息，立即督兵南下，在富林渡口再次越过大渡河，取古清溪道，经安宁河谷而南，于十一月至金沙江。忽必烈军乘革囊及木筏渡江，由丽江石关南进。

大理国起初想把蒙古军拦截于金沙江沿线，由国相高祥亲自率兵屯戍。及至蒙古军陆续渡江南来，高祥自知不敌，退回大理都城。忽必烈先已派遣使者三人入大理城招谕段氏君臣投降，许以不杀不掠。大理拒降，三人被杀。十二月中旬，蒙古军三路人马会齐大理城下，忽必烈下令攻城。段兴智、高祥背城出战，大败。忽必烈又派使臣入城招降，仍被拒绝。大理城破，段兴智连夜逃奔善阐。高祥逃往姚州（今云南姚安），被蒙古兵追杀。忽必烈因大理曾杀使者，欲屠其城，经姚枢、张文谦等人谏阻，下令禁杀并张旗晓谕街巷。

1254 年春，忽必烈率师北返，留兀良合台领兵戍守大理城，继续征服大理境内尚未归附的部落。这年秋天，兀良合台东取善阐，发炮攻城，七日后城陷，段兴智被俘。次年，兀良合台送段兴智及其季父信苴福往蒙古，朝见蒙哥。蒙哥赐段兴智金符，命他回大理助兀良合台安辑诸部。1256 年，段兴智献地图，帮助蒙古军征服境内未降各部，并奏陈治民立赋之法。当时兀良合台已在原大理国境内立万户府十九。蒙哥按大理旧制赐给段兴智"摩诃罗嵯"（梵语，意为大王）的称号，命他管理云南各部。1257 年底，兀良合台南攻安南（今越南北方），段兴智也率军从征。

段兴智投降后，兀良合台又用了两年时间才征服大理五城、八府、四郡之地，计有乌蛮、白蛮等三十七部。1256 年，兀良合台奉命北上与四川的蒙古军会合，遂出乌蒙（今云南昭通），趋泸江，经嘉定、重庆，抵合州，与铁哥带儿军会师。次年，还镇大理。1258 年，蒙哥命兀良合台率师攻宋，约次年正月会军长沙。经过五年多时间，终于实施了从南北两面夹击南宋的计划。

三、侵宋

公元 1252 年，还在忽必烈准备取大理之前，姚枢向忽必烈分析了窝阔台时阔端、阔出两个太子征伐南宋的经验、教训，他指出，当初"降唐、邓、均、德安四城，拔枣阳、光化，留军戍边，襄、樊、寿、泗继亦来归。而寿、泗之民尽于军官分有，由是降附路绝。虽岁加兵淮、蜀，军将惟利剽杀，子女玉帛悉归其家，城无居民，野皆榛莽"。姚枢认为，应该杜绝军将任意剽杀，采取留军戍边的办法，"以是秋去春来之兵分屯要地，寇至则战，寇去则耕。积谷高廪，边备既实，俟时大举，则宋可平"。忽必烈深以为然，立即付诸实施，置河南经略司于汴梁，以史天泽、杨惟中、赵璧等为经略使，屯田唐、邓、嵩（今河南嵩县）、汝、蔡、息、亳、颍诸州，"授之兵、牛，敌至则御，敌去则耕"。在西面，巩昌便宜总帅汪德臣（汪世显子）和都元帅带答儿以兵戍利州（今四川广元），亦置屯田，控制了四川喉襟之地。这些举措，无疑加强了蒙古侵宋的实力。但其后三四年间，蒙古并未大举侵宋，因为南灭大理的战争占用了忽必烈两年多的时间；再后两年，忽必烈或因身体有病，或因蒙哥对他产生疑忌，驻留于金莲川（今内蒙古自治区闪电河一带）藩邸，未能南顾。直到 1256 年秋，蒙哥决定亲自南征，才又挑起蒙宋间的大规模战争。

据《史集》记载，这次南征是亦乞列思部驸马帖里干提议的，他对蒙哥说："南宋离我们这么近，并与我们为敌，我们为什么置之不理，拖延着不去征讨呢？"蒙哥对他的话十分赞同，接着便说："我们的父兄们，过去的君主们，每一个都建立了功业，攻占过某个地区，在人们中间提高了自己的名声。我也要亲自出征，去攻打南宋。"这是他即位六年来第一次决定出征，也是窝阔台灭金二十二年来第一次大汗亲征，自然是以消灭南宋为目的。《史集》详细列出参加这次南征的宗王和贵族的名单，但原来受命负责南征的忽必烈却被排除在外。据《史集》记载，这是因为别勒古台那颜奏告蒙哥说忽必烈正患足疾，蒙哥同意让忽必烈在家休息。然而，我国学者根据汉文史料证实，因蒙哥疑忌，忽必烈被解除了兵柄，他在金莲川北岸着手营建开平府城（在今内蒙古自治区正蓝旗境内）。

1257年春，蒙哥命令诸王、诸将准备征宋。九月，蒙哥出师，留幼弟阿里不哥镇守和林。南征军分为两翼：蒙哥自率右翼军，进取四川；诸王塔察儿率左翼军，攻荆襄、两淮。拉施特说，蒙哥所率右翼军有六十万，塔察儿军三十万。我国学者认为，这两个数字过于夸大，估计征蜀兵力只有七万左右。这年秋天，左翼军进至汉江，以骑兵攻打襄阳、樊城，数日不克。时值霖雨连月，塔察儿放弃攻城，回到原来的营地。蒙哥闻讯大怒，表示日后要予以严惩。过了一年，塔察儿依然一功未建，被蒙哥召往四川，蒙哥只好请忽必烈南下参加攻宋。

蒙古军在四川取得较多胜利，那里有汪德臣、带答儿前几年在利州屯戍打下的基础。蒙哥出师当年，命带答儿子纽璘（时带答儿已死）将兵万人略地。纽璘自利州南下白水，过阆州（今阆中）大获山，出梁山军直抵夔州。同一年，汉军都总管刘黑马乘虚占领成都，他向蒙哥建议"立成都以图全蜀"，被蒙哥采纳，授以管领新旧军民小大诸务。次年南宋攻成都，不克。纽璘自夔州经钓鱼山（在今合川县）西行，突破宋军拦截，长驱至成都，击败来攻宋军，乘胜进围成都东北、金堂县南的云顶山城。不久，城中粮尽，守将姚德投降。一时西川诸州相继降蒙。七月，蒙哥统大军至汉中。

1258年四月，蒙哥驻夏于六盘山。七月，经宝鸡入大散关。九月，驻跸汉中。十月，至利州，渡嘉陵、白水两江，驻跸剑门。督兵攻苦竹隘（在剑门关西，今名朱家寨），宋将杨立坚守。不久城破，杨立战死，蒙哥下令屠城。十一月，破长宁山城（位于今剑阁、苍溪两县之间），宋将王佐战死。又攻阆州大获山城，宋守将杨大渊降。十二月，运山（今蓬安东南）、青居山（今南充市南）、隆州（今仁寿）、大良山、石泉（今川北）相继降，拔雅州。在此之前，纽璘率成都兵突破宋马湖江防线，"鼓噪渡泸，放舟而东"，抵达涪州（今涪陵）。

1259年初，蒙哥遣降人晋国宝至合州钓鱼城招降宋守将王坚。王坚拒降，执杀晋国宝。杨大渊欲断钓鱼城后援，攻合州，俘男女八万人。二月，蒙哥集各路蒙古军围攻钓鱼城。王坚率城中军民奋勇抗敌，利用险峻的山势，多次击退蒙古军的强攻。五月下旬，宋以吕文德为四川制置副使，率舟师溯嘉陵江而上，救援合州，被史天泽击败，退回重庆。钓鱼城军民继续坚守，蒙古军屡攻屡败。六月，汪德臣死。七月，蒙古军中疫疾（拉施特说是霍乱）流行，蒙哥病死。蒙哥一死，其子阿速带立即率大军护灵柩北还，只留少量军队于钓鱼城外。蒙哥尸体葬于成吉思汗和拖雷的葬地。

蒙哥之死缓解了南宋的紧张局势。那时忽必烈奉命率兵南下，已至汝南。八月，忽必烈渡淮，破大胜关（今河南罗山县北），继入淮西，进抵黄陂，至江岸。九月初，得穆哥由合州遣来使者的报告，确知蒙哥已死。忽必烈决定继续渡江，围攻鄂州（今湖北武汉市武昌）。宋兵坚守鄂州，蒙古军围城两月，不克。十一月，忽必烈得长妻察必的急使来告，阿里不哥在漠南北遣将调兵，图谋即大汗位。谋士郝经等劝忽必烈迅速北返，正好南宋新任右丞相贾似道私下派人来议和，忽必烈便与贾似道达成和议，率军北返。

第五章
忽必烈时期的征服战争（公元1260—1293年）

- 兄弟阋墙，为汗位而战
- 国号"大元"，"绍百王而纪统"
- 攻降襄阳——鏖兵五年的收获
- 临安受降，征服"岛夷"
- 辉煌难再——侵略日本、爪哇的败绩

　　公元1259年闰十一月，忽必烈抵达燕京，正逢阿里不哥任命的断事官阿里赤在燕调集民兵。忽必烈问阿里赤招兵的原因，阿里赤托称是执行蒙哥遗命。忽必烈看出其中包藏祸心，立刻遣散阿里赤所集民兵。1260年三月，忽必烈回到开平，召集一部分拥护自己的东、西道宗王，举行忽里台，宣布即大汗位。四月，忽必烈以即位事诏告天下，自称成吉思汗"嫡孙之中，先皇（蒙哥）母弟之列，以贤以长，止予一人"，"不意宗盟，辄先推戴。……于是俯徇舆情，勉登大宝"。他还效法中原历代王朝，定当年为中统元年，开始建元纪岁。与忽必烈即位同时或略早，阿里不哥在和林城西按坦河也召集一部分宗王举行忽里台，宣布为大汗。这样，兄弟之间爆发了战争，并把其他各系诸王卷入其中。优势自然在占有中原之地并有丰富的政治、军事经验的忽必烈方面。中统五年七月，经过四年的斗争，阿里不哥困无出路，只好领着诸王玉龙答失、阿速带、昔里吉和谋臣不鲁花等向忽必烈投降。忽必烈以诸王均为成吉思汗后裔，"并释不问"，杀不鲁花等人。这年八月，忽必烈改燕京为中都，又改元至元。两年后，阿里不哥病死。

阿里不哥虽死，其他诸王闹割据的事相继发生，其中影响最大的是海都。海都是窝阔台之孙，蒙哥时被封于巴尔喀什湖与伊犁河之间的海押立。他对汗位被拖雷系夺走一直心怀怨恨，在阿里不哥与忽必烈的斗争中支持阿里不哥。阿里不哥死后，他召集一部分窝阔台、察合台、术赤系诸王举行忽里台，被推为盟主。他们相约保持游牧生活与蒙古旧俗，与忽必烈对抗，并且派人责问忽必烈为何留驻汉地、采用汉法。忽必烈不能容忍，从至元五年（公元 1268 年）起与海都多次交战，互有胜败。海都统治下的窝阔台汗国西至喀什和塔拉斯河谷，南及天山南麓，东抵吐鲁番，北达额尔齐斯河上游。海都死于元成宗大德五年（公元 1301 年），其子察八儿继位。八年后，察八儿投降元朝，其地大部分被察合台汗也先不花占有，窝阔台汗国灭亡。

忽必烈在位三十多年，一直与西北和东北的宗王割据势力进行斗争，那些地方都是蒙古业已征服的地区。忽必烈的征服活动主要是向南推进，首先是消灭南宋。

一、灭宋

公元1259年冬忽必烈北返前与贾似道的和议，是贾似道私下与忽必烈达成的秘密协议，其主要内容是南宋称臣，以江为界，岁奉银绢匹两各二十万。那时贾似道任右丞相不久，在蒙古退兵后掩盖协议内容，以"再造之功"入朝受赏。1260年夏，忽必烈即汗位，以郝经为国信使，何源、刘人杰为副使往宋，要求履行和约。贾似道怕郝经到后泄露真相，把他们囚禁在真州（今江苏仪征），久不放归。其后忽必烈几次派人到南宋诘问郝经等下落，均无结果。

忽必烈

1261 年秋，忽必烈以南宋拘留信使不还为理由，下诏命将士举兵攻宋，但因当时正在同阿里不哥作战，无力大举南下。南宋朝廷对忽必烈的警告全不在意，仍然听任贾似道擅权作恶，将官之间相互倾轧，白白荒废了几年可用以加强备战的时机。1261 年夏，发生了原潼川十五军州安抚使、知泸州军州事刘整以泸州十五郡三十万户降蒙的事件。刘整原是孟珙部下，在攻金、抗蒙战争中屡立战功，深为孟珙器重。因受吕文德、俞兴排挤诬陷，投告无门，变节降蒙。刘整在宋领兵近三十年，知宋虚实，故而降蒙后连续两年得忽必烈召见。至元元年冬，刘整入朝，向忽必烈建言灭宋，并且提议"先攻襄阳，撤其扞蔽"。此时忽必烈见北方业已巩固，采纳了刘整的意见。在这之前三个月，征南都元帅阿术（速不台孙，兀良合台子）已攻过襄阳，他看出攻打山水寨栅必须有汉军参加，不能单靠蒙古本族人组成的军队，向忽必烈建议"宜令史枢（史天泽侄）率汉军协力征进"，忽必烈接受了他的意见。忽必烈还命令陕西、四川督造战舰，为刘整建立水军用。

　　至元五年（公元 1268 年）七月，忽必烈升刘整为镇国上将军、都元帅。九月，刘整与阿术督军围襄阳，在鹿门堡、白河口垒筑城堡，切断宋军援兵。宋襄阳知府兼京西安抚副使吕文焕看出刘整、阿术此举的厉害，派人至鄂州报告其兄吕文德，吕文德掉以轻心，没有发兵援助。十一月，吕文焕以襄阳守军攻蒙古诸寨，为阿术所败。次年春，史天泽与驸马忽剌出率兵抵襄阳前线，沿山筑堡，加强对襄阳的包围。七月，宋沿江制置副使夏贵率水军援襄阳，至鹿门山，被蒙古水军击败。1270年，吕文焕曾出兵突袭襄阳城西万山堡的蒙古军，宋将范文虎也以兵船两千艘来援襄阳，均被蒙古军击败。宋军屡败的重要原因是朝廷腐败，大臣擅权。即使像吕文德、吕文焕这样的将领，也与贾似道勾结，排挤打击其他有作为的将领。由于贾似道欺下瞒上，襄阳被围三年，度宗方始得知。一些忧虑国事的官员只好愤然去职。

与南宋朝廷的萎靡腐败相对照，忽必烈主持的蒙古朝廷这时在政权建设上又跨出了一步。至元八年（公元1271年）十一月，忽必烈再一次效法中原历代王朝，发布诏书，宣布建国号"大元"。他在诏书中追溯唐虞夏殷、秦汉隋唐的国号，自许要上承"古制"，"绍百王而纪统"，又以本国"舆图之广，历古所无"，申明不愿仿效秦汉或隋唐以初起之地名或所封之爵邑为国号，而取《易经》"大哉乾元"之义，国号"大元"。

改国号"蒙古"为"大元"，不是一个简单的易名，它至少意味着以忽必烈为首的一部分蒙古贵族在观念上的转变，他们认识到要统治幅员如此广阔、人口如此众多的国家，不能再用初起时之国名"蒙古"，以利于减少一点隔阂。其次，它表明忽必烈意识到自己地位的巩固，可以不再理会像海都那样保守的蒙古宗王的指责。要知道"大蒙古国"是成吉思汗定下的国号，忽必烈如果不具备充分的政治实力和改革勇气，是不会去改动它的。当然，从另一个角度讲，放弃"蒙古"国号也标志着原先由成吉思汗各系子孙共同组成的大蒙古国的瓦解。下面我们就把广义的蒙古军改称为元军或元兵。

　　至元九年（公元 1272 年）春，元军攻樊城，破外郭，宋军退保内城。入夏以后，一支由三千人组成的民兵队伍，在张顺、张贵率领下，由襄阳西北的清泥河上游入援襄阳。他们分乘轻舟百艘，舟上装载襄阳城中急需的盐、布等物资以及各种武器，于五月二十四日夜间顺流而下，苦战一夜，于二十五日抵襄阳，给城中军民很大鼓舞。张顺、张贵先后于来去途中战死。元兵进一步加强封锁，此后襄阳没有再得到任何外援。

　　至元十年（公元 1273 年）初，元军加紧进攻樊城，从中亚调来炮匠用回回炮助攻，又焚毁樊城与襄阳之间的水上浮桥，切断襄、樊联系。樊城终于不支，城陷，守将牛富、王福牺牲。二月，元军移破樊炮具至襄阳，一面加强攻势，一面招谕吕文焕献城投降。元军统帅、参知政事阿里海牙亲临城下对吕文焕呼话，保证给予吕文焕高官厚禄，且折矢为誓。吕文焕此时已对宋廷绝望，城中将领有人出城投降，于是举城降，孤军奋战五年的英名尽付流水。随后吕文焕北上朝见忽必烈，忽必烈授以昭勇大将军、侍卫亲军都指挥使、襄汉大都督，仍守襄阳。次年，改授吕文焕为荆湖行中书省参知政事，行中书省向忽必烈建言："江汉未下之州，请令吕文焕率其麾下临城谕之，令彼知我宽仁，善遇降将，亦策之善者也。"吕文焕成了现身说法，替元朝招降宋将的工具。

襄阳既下，一批将相大臣请求继续南伐。四月，忽必烈在召见吕文焕以后，立刻向谋臣姚枢、许衡、徒单公履等问计。许衡迂阔，以为不可。徒单公履说："乘破竹之势，席卷三吴，此其时矣。"忽必烈表示赞同。至元十一年（公元1274年）初，忽必烈又召阿里海牙、阿术、史天泽等议论伐宋事，最后确定以伯颜统率诸军。伯颜是蒙古八邻部人；其祖阿剌，为八邻部左千户兼断事官，从成吉思汗西征，攻忽毡有功；其父晓古台，从旭烈兀攻西域。伯颜是在西域长大的，至元初年奉旭烈兀派遣向忽必烈奏事，被忽必烈留在身边。受命南征前，任同知枢密院事，是当时最高的军事官员。既受命，领河南等路行中书省事。六月，忽必烈诏谕全体伐宋将士说："爰自太祖皇帝（成吉思汗）以来，与宋使介交通。宪宗（蒙哥）之世，朕以藩职奉命南伐，彼贾似道复遣宋京诣我，请罢兵息民。朕即位之后，追忆是言，命郝经等奉书往聘，盖为生灵计也，而乃执之，以致师出连年，死伤相藉，系累相属，皆彼宋自祸其民也。襄阳既降之后，冀宋悔祸，或起令图，而乃执迷，罔有悛心，所以问罪之师，有不能已者。今遣汝等，水陆并进，布告遐迩，使咸知之。无辜之民，初无预焉，将士毋得妄加杀掠。有去逆效顺，别立奇功者，验等第迁赏。其或固拒不从及逆敌者，俘戮何疑。"这是一篇灭宋的动员令，文章写得很好，短短二百余字，就把兴师理由和对敌政策讲清楚了。从元朝的立场上看，说得的确有理。从发布这篇诏书起，仅用一年零八个月时间，就灭掉了宋朝。下面是灭宋的简单经过。

至元十一年九月，伐宋大军在襄阳会师，分三道并进。伯颜与阿术率中道兵循汉江趋郢州（今湖北钟祥），以万户武秀为前锋。临近郢州时得知宋军有备，便越过郢州攻拔下游之黄家湾堡。继至沙洋，招降守将王虎臣、王大用，两人拒降，伯颜用火炮攻城，城破，元军屠城。南取新城，宋将边居谊坚守，城陷，宋兵三千人力战而死，边居谊全家自焚。十一月，元军抵复州（今湖北天门），知州翟贵以城降。伯颜至蔡甸（今湖北汉阳）。十二月，元军在汉口江岸大败宋军，攻克阳逻堡，遂据大江南北两岸。鄂州、汉阳、德安守将以城降，宋都统程鹏飞率军降。

至元十二年（公元 1275 年）春，黄州（今湖北黄冈）、蕲州（今湖北蕲春）、江州（今江西九江）、南康军（今江西星子）、安庆、池州（今安徽贵池）、太平（今安徽当涂）、无为、巢县、和州（今安徽和县）的南宋守将纷纷投降。在此期间，贾似道为了掩盖自己的误国罪责，集诸路精兵十三万抵芜湖，摆出一副孤忠抗战的样子。但他一到前线就派人到伯颜军中求和。伯颜回答说："未渡江，议和入贡则可。今沿江诸郡皆内附，欲和，则当面来议也。"贾似道无奈，只好准备一战，命孙虎臣率七万人驻丁家洲（今安徽铜陵北），夏贵统战船二千五百艘横亘江中，想以优势兵力堵截元兵。二月中旬，两军交战仅一日，宋兵大溃，贾似道逃往扬州，夏贵奔庐州（今安徽合肥），孙虎臣也逃走。此战之后，元军沿江而下，如入无人之境，二月末已至建康（今江苏南京市）之龙湾。从三月至十月，元军又收降或攻取了一些地方，"江东诸郡皆下"。

十一月，伯颜分军为三路，期会于南宋都城临安（今浙江杭州市）。他自领中路军由镇江攻常州，拔之，屠其城。十二月，抵无锡。宋臣柳岳等奉幼帝（即宋恭帝赵显，时年五岁）及谢太后（理宗后）书来请求退兵，伯颜问道："如欲我师不进，将效钱王纳土乎？李主出降乎？"又说："尔宋昔得天下于小儿之手，今亦失于小儿之手，盖天道也，不必多言。"伯颜讲的都是宋初故事：钱王、李主即吴越王钱俶和南唐后主李煜，前者在宋太宗太平兴国三年（公元 978 年）向宋尽献所据土地，后者于宋太祖开宝八年（公元 975 年）宋军攻陷金陵（今江苏南京市）以后被俘投降；所谓"昔得天下于小儿之手"，是指公元 960 年宋太祖赵匡胤从刚刚即位的后周小皇帝柴宗训手中夺取帝位，那时柴宗训年方八岁。伯颜的话虽然尖刻，却都是事实。不过，这些话恐怕都是汉族儒士教给他的，伯颜本人哪里会有这些历史知识。

接下来的事非常简单。至元十三年（公元 1276 年）正月十八日，宋廷派人向伯颜奉上传国玉玺和降表。二月五日，赵显正式投降，元改临安为两浙大都督府。南宋至此灭亡。其后南宋境内虽然还有各种反抗，都不能改变被征服的结局。

这场征服战争在当时就被看成是统一战争了。伯颜在接受宋廷投降以后向忽必烈拜表称贺，一上来就说："国家之业大一统，海岳必明主之归；帝王之兵出万全，蛮夷敢天威之抗。"有意思的是，在这篇深浸儒家观念的贺表中，承接正统的是忽必烈，即所谓"道光五叶，统接千龄"，而宋朝却成了"蛮夷"。"独此岛夷，弗遵声教，谓江湖可以保逆命，舟楫可以敌王师。连兵负固，逾四十年，背德食言，难一二计"。——这就是统一者对"蛮夷"的谴责。没有汉族儒士，伯颜是写不出来的。

二、侵略日本、安南、占城、缅国与爪哇

忽必烈灭南宋前后还侵略了一些亚洲国家，下面择要讲点情况。

（一）日本　至元三年（公元 1266 年）八月，忽必烈命兵部侍郎黑的充国信使，礼部侍郎殷弘充国信副使，持国书使日本。从国书看，忽必烈是希望日本像高丽一样遣使来朝，"通问结好"。忽必烈使高丽国王派人护送黑的等前往，高丽国相李藏用怕增加高丽负担，暗中劝说黑的等以道远不达复命。次年六月，忽必烈再派黑的等到高丽，要高丽国王务必办好通使日本的事，高丽国王派起居舍人潘阜持国书到日本，没有得到答复。至元五年（公元 1268 年），忽必烈命黑的、殷弘再往，高丽派人护送他们到对马岛，日本人拒不接待。此后几年，忽必烈继续遣使者赴日本，当时统治日本的镰仓幕府仍不作答，因而忽必烈决定用武力征服日本。至元十一年（公元 1274 年）初，命高丽制造大小战船九百艘，签发三万多工匠、民夫。三月，命高丽凤州经略使忻都和高丽军民总管洪茶丘准备征讨日本。十月，忻都等率军二万五千人从合浦（今朝鲜马山）乘舟出发，袭击对马、一岐两岛，在肥前松浦郡、筑前博多湾等地

（今福冈附近）登陆。日本守军予以抗击。元军虽有小胜，但因队伍不整，箭矢用尽，又遇台风，乃匆忙撤退，"惟虏掠四境而归"。

至元十八年夏秋间，元军经过长时间准备，第二次征讨日本。这次出兵规模比上次大得多，动用了原来南宋的江南水军。五月，忻都等率军四万从合浦出发，在筑前志贺岛登陆。六月，南宋降将范文虎率江南军十万，从庆元（今浙江宁波）泛海抵日本平户岛。两军指挥官内部矛盾重重，并且遇到日本军的坚决抵御，在鹰岛逗留不进。八月一日夜晚台风大作，元军战船大多损坏，许多军士溺死海中。忻都、范文虎等慌忙逃回，留在岛上的元军被日军歼灭，十四万出征元军损失了五分之四。在这以后，元朝没有再侵略过日本。

（二）安南、占城　安南与云南交界，占城在安南南面，都是越南历史上的国家。公元 1257 年底，兀良合台在征服大理以后曾一度侵入安南京城升龙（今越南河内），数日后退出。其后二十多年，忽必烈忙于攻灭南宋，没有对安南用兵，但不断施加压力，想要安南臣服。至元十七年（公元 1280 年），占城国主向元朝称臣纳贡。次年，元朝册封他为占城国王，同时设置占城行省和安南宣慰司，准备进一步控制占城与安南。至元二十年（公元 1283 年）底，元朝先以占城扣留元朝派往海外的使者为理由，派占城行省右丞唆都率兵从广州航海至占城港（今越南平定省归仁）屯驻，遭占城军民反击。同年，忽必烈还命己子镇南王脱欢统率大军，以假道攻占城为名，进入安南。至元二十一年，唆都奉命撤出占城，北攻安南。安南军民奋起反抗，越战越强。唆都战死，脱欢退出安南。至元二十四年，忽必烈命脱欢再侵安南，仍不能占领其地。

（三）缅国　缅国指缅甸历史上的蒲甘王朝，它建国于9世纪中叶，至13世纪中叶国势衰微。忽必烈派兵侵缅也是在至元二十年，理由是缅王不肯降服而且不放回元朝派去的使臣。元军攻占江头城和太公城，缅王弃蒲甘城南奔，并遣使向元军乞和。未过几年，缅国内乱，各地贵族和部落统治者纷纷自立，多数向元朝纳贡称臣，元朝设宣慰司进行治理。

（四）爪哇　爪哇岛今属印度尼西亚。在13世纪下半叶的南海诸国中，爪哇是比较强盛的。忽必烈灭南宋以后多次派人出使爪哇，爪哇也遣使通好，但其国王就是不肯亲来朝见忽必烈。至元二十六年，爪哇国王葛达那加剌将元朝使臣黥面遣回，因此忽必烈决定出兵征讨。至元二十九年（公元1292年）冬，忽必烈命福建行省平章亦黑迷失、史弼、高兴率兵往攻。亦黑迷失等于十二月从泉州出发，次年春天抵爪哇。当时爪哇发生内战，元军介入，消耗了兵力。不久，遭当地军队夹攻，史弼等匆匆撤出，登舟回国，于当年十二月入大都。这次出兵损失惨重，三人因罪受罚（一说高兴未罚）。据说忽必烈还想举兵攻爪哇，但已无可能，因为一个月后他就去世了。用兵爪哇是忽必烈军事生涯中所进行的最后一次征服战争。

第六章
三代人物

- 成吉思汗的箴言种种
- 术赤心头的阴影
- 窝阔台与拖雷之死
- 贵由："在我之后，合罕之位要归我的家族所有。"
- 赛因汗拔都
- 汗位转移之后
- 忽必烈与儒术

现在我们撇开征服战争，分别介绍成吉思汗祖孙三代中一些主要人物的其他事迹。

一、成吉思汗

童年时代的铁木真，没有表现出什么异于常人的禀赋。九岁那年，也速该把他留在德薛禅家，特别关照说："我儿子怕狗，休教狗惊着。"这在游牧地区的儿童中，多少显得有点懦弱。他后来英勇果断，是环境造就的，是他父亲去世后那段艰难困苦的生活磨练出来的，也是从他母亲诃额仑那里继承的。《蒙古秘史》说：诃额仑含辛茹苦把儿子们带大，"这般艰难的时分，养得儿子每（们）长成了，都有汗的气象"；"诃额仑菜蔬养来的儿子，都长进好了，敢与人相抗"。短短几句话，说尽了诃额仑坚强刚毅的性格给儿子们的影响。

严酷的生活环境，铸成铁木真个性中残忍的一面。《蒙古秘史》记载，就在躲避泰赤乌氏迫害的岁月里，铁木真、合撒儿因为与异母弟别帖儿争夺捕到的鱼雀，竟用箭射死别帖儿。诃额仑知道后，狠狠地数说了铁木真兄弟俩，责怪他们泰赤乌氏的仇尚未能报，就像"吃胞衣的狗"般杀害了自己的兄弟。成年后尤其是称汗后的铁木真，一面是恩怨分明，一面则是睚眦必报。族人不里孛阔是铁木真父亲也速该的堂兄弟，因故砍伤铁木真弟别勒古台肩甲，铁木真见了，问是怎样被不里孛阔砍了。别勒古台为人宽厚，回答说：伤势不重，不要为我坏了家人关系。后来铁木真教两人搏力，不里孛阔因怕铁木真，佯装力气不及别勒古台，倒在地上。别勒古台回头看铁木真，铁木真咬下唇示意，别勒古台便把不里孛阔脊骨折断。不里孛阔临死前说："我本不输，因怕铁木真，假装力气不及，想不到把自己的命送了。"《秘史》说，不里孛阔同另一支亲族好，把铁木真这一支疏远了，所以虽有一国不及之力，终不免折腰而死。但是，铁木真自制力很强，如果必要，他也能忍让。叔父答里台斡赤斤追随过王罕，铁木真想杀他，博儿术等劝铁木真看在父亲的份上不要杀他，铁木真想起父亲，心中辛酸，也就作罢。

铁木真好思考，不多说话，故而《元史·太祖纪》说他"深沉有大略"。他对臣下说："经过三个贤人评定的话，可以在任何场所一再重复地说，否则就不可靠。要将自己的话、别人的话同贤人们的话进行比较，如果合适的话，就可以说，否则就不应当说。"又说："说话时要想一下：这样说妥当吗？无论是认真地说出去或者开玩笑地说出去，反正再也收不回来了。"他还说："到长者处时，长者未发问，不应发言。长者发问以后，才应作适当回答。因为如果他抢先说了话，长者听他的话那倒还好，否则他就要碰钉子。"他自己总是想好了再开口，所以说一不二。

铁木真也有一套修身齐家治国平天下的格言。他说："能治家者即能治国"，"能清理自身内部者，即能清除国土上的盗贼"。他还说："凡是一个民族，子不遵父教、弟不聆兄言，夫不信妻贞，妻不顺夫意，公公不赞许儿媳，儿媳不尊敬公公，长者不保护幼者，幼者不接受长者的教训，大人物信用奴仆而疏远周围亲信以外的人，富有者不救济国内人民，轻视习惯和法令、不通情达理，以致成为当国者之敌：这样的民族，窃贼、撒谎者、敌人和各种骗子将遮住他们营地上的太阳，这也就是说，他们的马和马群得不到安宁，他们出征打先锋所骑的马精疲力竭，以致倒毙、腐朽、化为乌有。"读了这样的话，你还认为他"只识弯弓射大雕"吗？

铁木真妻妾成群，有四十多（一说五百多）人。古代的游牧贵族，通行大男子主义，拿女子当玩物，对抢来的女子尤其如此，铁木真也不例外。但是，按照习惯，正妻是受到尊重的，铁木真对待孛儿帖可敦也是体谅爱护的。他从篾儿乞人那里找回孛儿帖时孛儿帖已有身孕，不久生下术赤，铁木真体谅妻子被人强暴，视术赤如己出。从这一点讲，这位不识字的暴君要比提倡"饿死事小、失节事大"的汉族理学家善良宽宏多了。

铁木真还有"女诫"。他说："男人不能像太阳般地到处普照着人们。妇女在其丈夫出去打猎或作战时，应当把家里安排得井井有条，若有使者或客人来家时，就能看到一切有条有理，她做了好的饭菜，并准备了客人所需要的一切东西。这样的妇女自然为丈夫造成了好名声，提高了他的声望，而她的丈夫在社会集会上就会像高山般地耸立起来。人们根据妻子的美德来认识丈夫的美德。如果妻子愚蠢无知、放荡不羁，人们也还是根据她来看丈夫的!"

漠北地处高寒，游牧民多爱喝酒，往往因而误事。铁木真深知其害，说了不少劝人戒酒节饮的话，他说:"酒醉的人，就成了瞎子，他什么也看不见;他也成了聋子，喊他的时候，他听不到;他还成了哑巴，有人同他说话时，他不能回答。……喝酒既无好处、也不增进智慧和勇敢，不会产生善行美德;酒醉时人们只会干坏事、杀人、吵架。……国君嗜酒者不能主持大事。……如果无法制止饮酒，一个人每月可饱饮三次。只要超过三次，他就会犯过错。如果他只喝两次，那就较好;如果只喝一次，那就更为可嘉;如果他根本不喝酒，那就再好不过了。但是到哪里去找这种根本不喝酒的人呢? 如果能找到这种人，那他应当受到器重!"看来铁木真本人是不多喝酒的。可惜他的继承人窝阔台没有遵守这一条，否则就不会早亡了。

没有必要再介绍成吉思汗的军事天才，因为现在很少有人否认这一点。但是，可以指出，在戎马生涯之长上，他远远超过历史上公认的军事天才马其顿王亚历山大大帝（公元前356年—公元前323年）和法国皇帝拿破仑一世（公元1769—1821

年)。亚历山大大帝十七岁从戎,三十四岁去世,战斗了十七年;拿破仑二十二岁起参加战斗,四十六岁被流放到圣爱伦岛,打了二十四年仗;成吉思汗大约战斗了四十年,是前两人之和。

二、第二代:术赤、察合台、窝阔台、拖雷

(一)术赤　关于术赤的出身,前面已经讲过,他在当时就被认为是篾儿乞血统,《蒙古秘史》是这样讲的。但《史集》有另一种说法,说孛儿帖在被篾儿乞人掳走时已经怀了术赤,同时《史集》又隐约提到术赤非成吉思汗亲子。比较起来,《蒙古秘史》的记载更加可信,它首尾一贯,像阔阔搠思说的那番话,不是凭空捏造得出来的。

出身问题给术赤心理上投下一块阴影,也成为察合台、窝阔台歧视他的理由,只有幼弟拖雷对他好。《史集》说,拖雷一家从不对术赤一家说奚落的话,而且认为术赤是成吉思汗的真正的儿子。成吉思汗对术赤不错,《蒙古秘史》上几次提到成吉思汗对术赤说"我儿子中你最长"的话。建国后以蒙古百姓分封子弟,术赤得九千户,比三个弟弟都要多。但是,也许是那块阴影作怪,术赤与成吉思汗不大亲近,有一种无形的隔阂。久而久之,成吉思汗也对他犯了疑惑。

　　术赤在西征中有战功,先后攻占昔格纳黑、讹迹邗、巴耳赤邗、毡的、养吉干等地。比较起来他似乎喜欢劝敌投降,较少屠杀,他攻占的城市除了昔格纳黑因杀他派去的使者按札撒必须屠城外,其他几个地方都没有大量屠杀。公元1221年他们三兄弟攻下玉龙杰赤以后,察合台、窝阔台往塔里寒堡见成吉思汗,他返回自己辎重所在的额尔齐斯河旁营地。成吉思汗要他略取钦察草原,他没有执行。有的记载说他极爱钦察草原,力求使这个地区免遭破坏。1224年成吉思汗启程东归,他不去谒见,成吉思汗很生气,说是要毫不留情地把他杀掉。术赤称自己有病,多次请罪并送去礼物,自己留在封地。后来有个忙兀部人从他那里回到成吉思汗处,对成吉思汗说不知道术赤有病,曾看见他在山上打猎。成吉思汗大怒,认为术赤简直是反了,命令察合台、窝阔台带兵去抓他,自己也准备出征。正在这时,传来了术赤因病去世的消息,成吉思汗十分悲痛,想追究那个忙兀部人。据有的书记载,术赤比成吉思汗早死半年,当在1227年初,享年四十有余。

　　术赤的正妻是尼克帖迷失,她与拖雷正妻唆鲁禾帖尼是姊妹,也许这有助于解释何以他们两家关系最好。术赤还有许多妻妾。有子四十,继承人是次子拔都。

　　(二)察合台　《史集》说察合台聪明能干,成吉思汗则说察合台性刚心细。成吉思汗曾对臣下说："凡是极想知道札撒、必里克和如何守国的法规的人，就去追随察合台。"察合台总是按照成吉思汗的旨意认真完成交下的任务。他在窝阔台即位过程中起很大作用。《史集》说他尽管是兄长，对窝阔台始终恪守臣礼。有一次察合台酒醉中对窝阔台提出打赌赛马，然后他跑到了窝阔台前头。夜间察合台想起这件事，非常不安，自认是大不敬的行为。为防别人跟着学样，造成有害的结果，次日一早他就把手下的人召集起来，讲了事情经过，表示要到合罕处请罪。尽管窝阔台表示兄弟之间不必在意，察合台还是请求窝阔台赐他一命，献上九匹马，行了九叩之礼。然后察合台又把此事向众多大臣宣讲。他的以身作则起到很好的作用，"以此之故，他们（察合台和窝阔台）之间更加和谐一致、亲密无间。其他亲属们也对他（窝阔台）俯首听命，并选择了顺从之道"。

察合台既能如此对待窝阔台，窝阔台对他自是恩礼倍加，甚至派一个儿子到察合台身边当怯薛，遇到大事就派使者去同察合台商议。

察合台大约卒于1242年，有子八人。

（三）窝阔台　窝阔台的名字，在蒙语中意思是向上、上升。几乎所有的记载都称赞窝阔台度量宽宏、公正慷慨。《史

窝阔台汗即位庆典

集》记有窝阔台"轶事"四十二条，大部分是讲他如何慷慨好施，对商人、贵族、工匠、穷人，似乎一概如此。如果真是这样，也只是反映了那个时候汗廷帑藏充实以及他挥霍无度，真正从他那里获得厚益的是贵族与商人。成吉思汗讲过："喜好慷慨大度和想发财致富的人，可去亲近窝阔台。"这话当然不是对普通百姓讲的。

窝阔台在位十二年，在大蒙古国的政治、经济、军事上都有一些作为。确如成吉思汗所见，他有治国的才能。即位之初，他先宣布严格遵行成吉思汗的札撒。灭金之后，眼见自己地位已经巩固，就颁行自己制定的一些札撒条令，内容有：

凡当会不赴而私宴者，斩。

诸出入宫禁，各有从者，男女止以十人为朋，出入毋得相杂。

军中凡十人置甲长，听其指挥，专擅者论罪。其甲长以事来宫中，即置权摄一人、甲外一人，二人不得擅自往来，违者罪之。

诸公事非当言而言者，拳其耳；再犯，笞；三犯，杖；四犯，论死。

诸千户越万户前行者，随以木镞射之。百户、甲长、诸军有犯，其罪同。不遵此法者，斥罢。

　　诸妇人制质孙（意为颜色）燕服不如法者，及妒者，乘以骗牛徇部中，论罪，即聚财为更娶（这一条是针对贵妇人们讲的）。

窝阔台还进一步严密了宿卫制度。他不仅仅是加强上级对下级的管理，也注意保护普通卫兵，使他们免遭头头们任意欺凌。他说："各班长对于和他共同巡察的所属护卫不得以首长自居，任意打罚。他们如果违犯法令，送到我这里来，可杀则杀，可罚则罚。如果自以为是首长不禀报我，而动手脚责打了我的护卫，则以拳打的，还之以拳打，以杖击的，还之以杖击。"这一条很高明，能换得众多护卫的忠心。

窝阔台以漠北地区为本位，但不像他孙子海都那样要保持游牧生活和蒙古旧俗，他是想把文明地区的某些生活方式引入漠北的。他兴建的哈剌和林城在漠北历史上是空前的。他广设驿站，既便于使者来往，又减少惊扰百姓。他派人掘井取水，以利于百姓在原来荒无人烟的广阔地面定居畜牧。不过他的注意力主要放在蒙古本土，对改善漠北以外被征服地区的状况不大注意，具体地说，灭金以后他一直留驻蒙古，没有认真治理饱受战火之害的中原汉地。《元史·太宗纪》称他"有宽弘之量，忠恕之行，量时度力，举无过事，华夏富庶，羊马成群，旅不赍粮，时称治平"，显然是溢美之辞。

窝阔台爱好娱乐和饮酒，为此曾受到成吉思汗的处分和警告，即位后仍嗜酒如命，终于为此丧命。关于他的即位、暴卒以及与拖雷一家的关系，下面就会讲到。

窝阔台有许多皇后和六十个妃子，知名的正后有六人，包括六皇后脱列哥那。脱列哥那是篾儿乞部人，拉施特说："这个皇后不很漂亮，但生来好用权势。……她因为不听成吉思汗的遗嘱，也不听宗亲们的话，在成吉思汗的家族中播下了纠纷的种子。"

窝阔台有子七人，年长的五个都是脱列哥那所生。

（四）拖雷　在四兄弟中，拖雷可能最得成吉思汗宠爱。他基本上一直跟着成吉思汗，因而深受熏陶，成吉思汗称他"那可儿"，显然是爱称。《史集》说："在勇敢方面，在处理事务和发表见解的才能方面，无人及得上他"，"成吉思汗总是就所有的事、各种重大事件和他商议"。这些话看来是符合事实的。在西征和攻金战争中，他都有显赫战绩，这是成吉思汗把军队交给他的原因。此外，有资料说明，他还是一位美男子。这些因素加在一起，使他赢得人们的尊敬，被称为"兀鲁黑那颜"、"也可那颜"（大官人）。

　　蒙古旧俗有幼子继承制：家长活着的时候就把年长的儿子们分出去自己成家，给一些财产；幼子留在家中，日后继承家业，称"斡赤斤"，意为守炉灶的。按照这个习俗，成吉思汗的汗位继承人就应该是拖雷，成吉思汗不会不想到这一点。《史集》说："因为成吉思汗曾在各种事情上考验过儿子们，知道他们各有所长，所以他对于大位和大汗尊号的传授犹豫不决起来：他时而想到窝阔台合罕，时而又想到幼子拖雷汗，因为在蒙古人中间自古以来就有幼子掌管父亲的根本营地和家室的这样一种习俗和规矩。后来，他说道：'掌管国家和大位是艰难的事，就让窝阔台掌管吧，而包括我所聚集起来的营地、家室、财产、库藏以及军队在内的一切，则让拖雷掌管。'"《蒙古秘史》没有这样的记载，但成吉思汗任命继承人时既然是对旧习的突破，就不会没有一种考虑和说法。成吉思汗还说："追求勇敢、荣誉、武功、降国定天下的人，就去效力于拖雷。"可见他对拖雷才能的看法。

　　我们已经知道，成吉思汗死后汗位虚悬了两年，由拖雷监摄国政。尽管成吉思汗遗命窝阔台继承汗位，但在形式上仍要经忽里台推举，为此必须等待宗王们到齐。公元1229年秋举行忽里台，经过三十多天，窝阔台才即汗位。有的学者推测，其所以拖了那么多天，必定是有人阻挠，而窝阔台的对手只能是拖雷。这种推测还从窝阔台即位前说的谦让的话（古代北方民族传统，汗在即位前照例要谦让一番）找到依据。面对一些宗王的劝进，窝阔台说："尽管成吉思汗的命令实际上是这个意思，但是有长兄和叔父们，特别是大弟拖雷汗，比我更配授予大权和担当这件事，因为按照蒙古人的规矩和习俗，幼子乃是家中之长，幼子代替父亲并掌管他的营地和家室，而兀鲁黑那颜乃是大斡耳朵（大宫帐）中的幼子。他在规定和非规定的时刻日夜都在父亲左右，闻知规矩和札撒。我怎能在他活着时并当着他们的面登上合罕之位呢？"（《史集》和《世界征服者史》都有这段记载）可见窝阔台对占了拖雷应得的位置是有顾忌的。此时术赤已死，察合台一向站在窝阔台一边，又有成吉思汗的遗命在，拖雷虽监国两年，最后不得不把权柄交出来，窝阔台不再谦让。于是大家摘下帽子，把腰带搭到肩上，察合台拉着窝阔台右手，拖雷拉着左手，他们的叔叔铁木哥斡赤斤抱住窝阔台的腰，把他扶上汗的大位。拖雷举起杯子，御帐内外的人们全体跪拜九次，完成了窝阔台登位大典。窝阔台虽然登上汗位，但从此对手握重兵、勇敢善战的拖雷有了戒心。

公元1232年春，拖雷在三峰山为伐金战争取得一次决定性的胜利。《元史》记载，那两天下着大雪，金兵冻僵，已不能战。蒙古军眼看胜利在望，诸将请求拖雷等待窝阔台率领中军到达以后再进击，实际上是要把唾手可得的战果让给大汗本人摘取。拖雷不肯，说是机不可失，"大敌在前，可以遗君父乎?"立即发起进攻，大败金兵。次日窝阔台来到战地察看，了解了经过，对拖雷说："没有你，不可能取得这次胜利。"这时随军诸侯王又对拖雷拥立窝阔台为大汗的功劳颂扬一番。窝阔台继承汗位是成吉思汗指定的，拖雷哪有什么功劳? 而且拖雷自恃善战，锋芒毕露，不肯把战绩留给窝阔台。功高震主，窝阔台无论怎样宽宏大度，绝不会冒丧失汗位的危险。因此，三峰山的战功给拖雷带来的只是死神的降临。几个月以后，在北归避暑途中，发生了一件怪事。综合《蒙古秘史》、《史集》和《元史》的记载，这件事的经过如下：

拖雷在归途中同窝阔台在一起。五、六月间，窝阔台突然病了，昏迷不语。珊蛮们占卜，说是金国山川之神因为蒙古军队虏掠人民、毁坏城市，故而作祟，只有亲人代替窝阔台去死，窝阔台的病才能好。稍隔一会窝阔台忽然睁开眼睛要水喝，并问自己怎么了。珊蛮说，必须用亲人代替。窝阔台接着就问，现在谁在我跟前。这时拖雷开口了，他说："战争中所有的罪业都是我造的，现在神要惩罚，就罚我好了。我又长得好，可以侍奉神灵，由我代替哥哥吧!"说完这话就叫珊蛮把咒过的水拿来喝了，又说请哥哥照顾我的孤儿寡妇。窝阔台的病立刻好了，他允许拖雷先回自己的辎重所在地。几天后，拖雷在路上死了。

三种记载互有一些出入，但大体上不差。谁能相信咒水能把一个人的病转移到另一个人身上？因此，我同意有的学者做的结论：拖雷是被窝阔台毒死的。这个结论还被拖雷死后窝阔台对其寡妻唆鲁禾帖尼和孤儿们的图谋所证实。

《史集》说："拖雷汗死后，他的儿子们和他们的母亲一起，照旧在窝阔台合罕身边。他极其喜爱和尊重他们，并毫不迟延地满足他们的一切请求。"书中举了一个例子：有一次唆鲁禾帖尼想要窝阔台的一个商人，窝阔台不舍得给，唆鲁禾帖尼就哭着说："我的心爱的为谁作了牺牲？他为谁死了？"窝阔台听说后，就把商人给了她并请她原谅。《史集》作者以为这件事能说明窝阔台对拖雷遗孀的喜爱和尊重，实在是大错特错了，窝阔台只是怕提他的亏心事而已。因为《史集》接着又说了两件事。第一件是窝阔台要把唆鲁禾帖尼嫁给自己的长子贵由，为此他派侍臣给唆鲁禾帖尼下达了诏书。唆鲁禾帖尼回答说："怎么能违背诏命呢！但我有一个愿望：要抚养这些孩子，把他们带到成年和自立之时，竭力使他们受到良好的教养，彼此不分开，相互不离弃，从他们的同心同德中得到好处。"唆鲁禾帖尼显然是在推托，因为拖雷死的这年蒙哥二十四岁，忽必烈十八岁，旭烈兀十七岁，按当时标准都已成年，只有幼子阿里不哥略小，何况窝阔台此举未必是在拖雷去世当年。第二件事是窝阔台未与宗亲们商议，擅自把拖雷系军队内的速勒都思部两千人给了自己的儿子阔端。这件事违反了当初成吉思汗的诏令，所以窝阔台虽有大汗之尊，拖雷系的万户、千户长们仍准备找他面争。然而唆鲁禾帖尼对万户、千户长们说："你们的话是公正的，但是我们所继承的和自己取得的财产之中并无不足，什么也不缺。军队和我们，同样是合罕的，他知道他在作什么，我们要服从他的命令。"一席话制止了万户、千户长们的抗争。窝阔台的目的是要瓦解或削弱拖雷系，但唆鲁禾帖尼实在聪明，对窝阔台搞的两件事，一件婉言推辞，一件恭谨从命，终于保全了自己。窝阔台碍于汗的尊严，又要显示宽宏，在宗亲们众目睽睽之下，还能把寡妇孤儿逼到什么程度呢！

拉施特对唆鲁禾帖尼赞扬备至，说她"极为聪明能干，高出于举世妇女之上"。他把她与成吉思汗的母亲诃额仑相提并论，甚至认为她在一件事上胜过诃额仑，那就是她坚贞不嫁。拉施特说，诃额仑后来向成吉思汗暗示自己有再婚的愿望，成吉思汗便让她嫁给蒙力克，而唆鲁禾帖尼没有再嫁愿望，故而被人认为优于诃额仑。拉施特此说染有穆斯林色彩，因为在古代蒙古寡妇再嫁是不会遭到非议的。唆鲁禾帖尼的聪明机智在后来的汗位争夺中起了很大作用，留到下面去讲；现在再说一件事，就是她和窝阔台之死有没有关系。

　　窝阔台死于狂饮之后，他一死就有人放言他是被毒死的。拉施特说："合罕很喜欢喝酒，经常喝得酩酊大醉，并且在这方面无所节制，这使得身体虚弱。……合罕有一个宝儿赤（司厨），是被成吉思汗赐给怯台那颜的唆鲁禾帖尼别吉的妹妹亦巴合别吉的儿子。每年，亦巴合别吉都要按唆鲁禾帖尼别吉的吩咐，从她在契丹国（指汉地）的营地来侍奉合罕，并且举行宴会款待他。在他即位后的第十三年，她照例来了，并且和自己的儿子，即合罕的宝儿赤一起，给合罕送上了酒饭。夜间，在睡梦中，合罕由于饮酒过多去世了。在哈敦（脱列哥那）和异密（大臣）们的协同下，开始恶言恶语，说亦巴合别吉和他的儿子送上一杯酒，大概给了合罕毒药。合罕的乳兄弟、札剌亦儿氏的一个有势力的异密额勒只带那颜说道：'为什么要胡说？亦巴合别吉的儿子是宝儿赤，他本来就已经给合罕送上杯子，合罕也经常饮酒过多。为什么我们要污辱自己的合罕，说他死于别人的谋害呢？他的死时来到了。不许任何人再说这种话。'"拉施特的意思很清楚：窝阔台死于酗酒，投毒之说是脱列哥那等人的造谣。拉施特称赞额勒只带"是一个聪明人，所以懂得饮酒过度和经常酒醉是这次死亡的原因"。但是，有的学者却从拉施特这段记载得出唆鲁禾帖尼投毒害死窝阔台的结论，并且引意大利人、圣方济各会教士柏朗嘉宾的记述为佐证。柏朗嘉宾在公元 1246 年 7 月到达哈剌和林，参加了贵由的即位大典，他的书中讲到，贵由在举行大典后"审理公案。朝中已囚禁了皇帝的婶母，因为她在鞑靼大军于匈牙利作战时鸩杀了皇帝的父亲，因此驻扎在匈牙利地区的部队才撤退回师了。这位贵妇人和其他数人受到了审判，并被处以死刑"（《柏朗嘉宾蒙古行纪》中译本，中华书局 1985 年出版）。所指"贵妇人"，应该就是亦巴合，看起来拉施特讲的事似乎在柏朗嘉宾那里得到了印证。但亦巴合之死不能证实是唆鲁禾帖尼毒死了窝阔台。这里存在一个疑问：窝阔台死于 1241 年，为何拖了五年才结案？细读拉施特和柏朗嘉宾的记载，事情的真相很可能是脱列哥那等制造了一件冤案，意在株连唆鲁禾帖尼，因遭到大札鲁忽赤额勒只带的坚决抵制，所以拖了五年。直到新的大汗贵由即位，排除异议，才把亦巴合等处死，但仍未达到株连唆鲁禾帖尼的目的。额勒只带对窝阔台的忠诚是无可怀疑的，他只是以大札鲁忽赤（大断事官）的身份秉公办事，不是有意替唆鲁禾帖尼开脱。后来蒙哥夺汗位，额勒只带坚决反对，蒙哥并未免他一死。

在脱列哥那摄政的几年里，唆鲁禾帖尼处事更加谨慎，不让脱列哥那抓到一点把柄。拉施特说："在这段大位虚悬时期和这场混乱之中，每个人都向各方面派出急使……只有唆鲁禾帖尼别吉和她的儿子们除外，他们总是遵循法令而行，丝毫不违背大法。"唆鲁禾帖尼的韬光养晦，终于为儿子们赢得汗位。

三、第三代：贵由、拔都、蒙哥、忽必烈

（一）贵由　即元定宗。生于大蒙古国诞生那一年，即公元1206年。据说他身体不好，整个一生都患有慢性病。尽管如此，他既参加过蒙金战争，也参加了拔都西征。拉施特说，当初成吉思汗曾预定窝阔台次子阔端为窝阔台继承人，而窝阔台看中的是三子阔出，因为阔出聪明过人。阔出早逝，窝阔台属意阔出长子失烈门。这说明窝阔台原意也像成吉思汗一样，由汗指定继承人，不搞幼子继承制或长子继承制。贵由被立为汗，是其母脱列哥那的主意。窝阔台死时，贵由尚在由钦察草原东归途中，被脱列哥那召回后，因汗位继承需待忽里台通过，国事仍由脱列哥那处置。

1246年夏季，经过长时间准备，应召参加忽里台的宗王、贵戚纷纷来到和林附近的夏营地。《史集》列举了一长串与会者的名单，可以说明当时黄金家族内部虽然矛盾重重，但忽里

137

台仍具有一定吸引力。在主要宗王中，唯有拔都托病未到，因他与贵由一向有矛盾，但他把兄弟斡儿答、昔班、别儿哥等派来了。大会在一个大帐幕内举行，据柏朗嘉宾说，它足以容纳二千人。帐幕周围树立木栅。大约有四千个来自四面八方的异族王侯和各类使者，聚集在远离木栅的地方。大会的盛况是空前的，也是绝后的，因为在这以后黄金家族走向公开分裂，忽里台失去了原有的光彩。

这次忽里台的程式依旧，贵由照例谦让，其他人则照例劝进。贵由先称自己体弱有病，难以胜任，但几经他人劝进之后，却提出了一个前所未有的条件："在我之后，合罕之位要归我的家族所有。"这个条件，众人心中未必都能接受，但事已至此，如何再议。于是一致立下誓言："只要你的家族中还留下哪怕是裹在油脂和草中牛狗都不会吃的一块肉，我们都不会把汗位给别人。"接着举行珊蛮教仪式，全体宗王脱下帽子，解开腰带，把他扶上御座。其后宴饮一周，新汗给大家分赐财物。

从窝阔台去世到贵由即位，脱列哥那监摄国政四年有余，她重用女侍法提玛和奸商奥都剌合蛮，扰乱朝政，打击大臣，搞得人人自危。贵由即位，头一件事就是审讯并处死法提玛。接着又派蒙哥和斡儿答详细讯问他们的叔祖、成吉思汗的幼弟铁木哥斡赤斤，因为铁木哥斡赤斤在脱列哥那摄政期间曾想用武力夺取汗位。成吉思汗子孙内部虽有矛盾，但在防御旁裔夺权上态度一致，结果斡赤斤也被处死。贵由还对汗位虚悬期间宗王们的不法行为进行查处。唆鲁禾帖尼一家由于没有任何违反札撒的行为，受到贵由赞扬。奥都剌合蛮被处死，曾经受到脱列哥那迫害的几个大臣又受到重用。脱列哥那在贵由即位几个月以后就死去了。

　　综观贵由即位后种种措施，可以看出他还是有所作为的。拉施特对贵由的评述有不少矛盾之处，他时而称颂贵由"极其崇高、无比尊严"、"恪守札撒"，时而指摘贵由"昼夜纵情酒色"、"毫无限制地慷慨、挥霍"。拉施特最不满意的是贵由倾向基督教、摒斥伊斯兰信仰。反之，基督教士柏朗嘉宾则对贵由印象良好，他说："这位皇帝大约有四十至四十五岁，或者更年长一些；中等身材，聪明过人，遇事善于深思熟虑，习惯上举止严肃矜重。任何人没有见过他放肆地狂笑或凭一时心血来潮而轻举妄动，正如一直和他生活在一起的基督教徒们向我们所叙述的那样。他宫中的一些基督教徒对我们说他们确信他将会皈依为一位基督教徒。"

　　贵由对拔都不来参加忽里台一事十分怨恨，而且他知道拔都实力，为除隐患，他在即位次年秋后突然率兵"西巡"。唆鲁禾帖尼意识到贵由西巡意在拔都，暗中派急使通知拔都做好准备。拔都在边境加强武备。1248年春，贵由死于西巡途中，年四十三。有传闻说，贵由是被拔都派人毒死的。贵由死后，按照他的长妻斡兀立海迷失的旨意，灵柩被运到他的斡耳朵所在地叶密立（今新疆额敏县），后葬起辇谷。唆鲁禾帖尼和拔都都派人去慰问斡兀立海迷失。

斡兀立海迷失不理国事，大部分时间同珊蛮们在一起，听他们胡言乱语，要不然就与商人作交易。长子忽察和次子脑忽自建府邸与母亲对抗，以致同一个地方出现了三个统治者。宗王们也各擅自签发文书。政出多门，造成极大混乱。

（二）拔都　拔都生于1208年，比贵由小两岁，比蒙哥大一岁。这里之所以排一下他们的年龄，是因为有的记载过分强调拔都作为"长兄"起的作用。其实他并非长兄，他是术赤次子，长兄是斡儿答。在1227年术赤去世以后，拔都因能力出众，受兄弟们推戴，继承汗位，斡儿答在这中间起了很大作用。拔都感谢长兄支持，把兀鲁思东部分给斡儿答，自领西部，军队也一分为二。拔都在贵由、蒙哥交替时期几次称自己年老体弱，并不完全确切。他有痛风病，故而体弱，但不能算老。他卒于1255或1256年，享年不到五十。

拔都一生主要做了两件事：一是领导西征，建立钦察汗国；

二是全力扶持蒙哥即大汗位，使汗位由窝阔台系转到拖雷系。这两件事都影响深远，为他自己带来很大好处。柏朗嘉宾在1246年4月参见过拔都，他记下了拔都给他的印象："这位拔都表现得十分豪华，如同皇帝一般拥有掌门官和所有的军政要员。他坐在高高的如同宝座一样的位置上，由他的一位王妃陪同；其他人，包括他的兄弟或者他的儿子及其他品级较低微者都坐得较低……但分男右女左。他有一些宽大而又华丽的亚麻幕帐，过去曾经属于匈牙利国王所有。他府中的任何一个外人都不敢靠近他的幕帐，除非是应召而去，无论来客地位多高，权势多大，除非这是拔都的本意。……拔都从来不喝酒，鞑靼诸王亦然，尤其是在大庭广众之下更为如此，除非在欣赏歌舞音乐时例外。……拔都对他部下相当宽厚，然而他们却非常害怕他；他在战斗中很残暴，作战时很敏锐狡黠，因为他长期以来一直过戎马生涯。"拔都很受世人尊重，被称为赛因（蒙语"好"）汗。

（三）蒙哥　在蒙语中，"蒙哥"的意思是长生。蒙哥自童年起受窝阔台抚养，拖雷去世后才回自己家中。窝阔台去世那年他三十三岁，但一切谨从母教，不露锋芒。他能登上王位，一半出于母亲唆鲁禾帖尼的策划，一半依靠拔都扶持。志费尼说：唆鲁禾帖尼自拖雷去世以后"恩赐她的族人和亲属，犒赏军队和百姓，获得了各方面的拥戴，因此使所有人听从她的旨意，并在每人的心灵中种下了感情和恩义，以致贵由汗死时，大部分人对于把汗国的权柄交给他的儿子蒙哥可汗，一致赞同，同心翊戴"。唆鲁禾帖尼是基督教徒，但她对伊斯兰教也表现出尊重和慷慨，以致志费尼和拉施特对她有极大好感，同对贵由不一样，这也可以看出她的高明聪慧。贵由去世后，拔都以长支宗王首领的身份向各方面派止急使，邀请全体宗王到距海押立不远的阿剌脱忽剌兀举行忽里台，共同商讨立汗问题。窝阔台和察合台两系宗王多半不愿出席，他们派贵由的儿子忽察和脑忽等为代表（因为他们驻地较近）去见拔都，表示他们可以听取拔都意见，很快就回去了。唆鲁禾帖尼闻知此事，以探病为借口，派蒙哥前往。拔都很欣赏蒙哥，他们两系关系一向很好，又都与窝阔台系不和，于是决定向宗王们提出立蒙哥为汗。在主要的几个宗王中，拔都是唯一没有宣誓保证把汗位留给贵由家族的人，他有理由否认前议，反过来他指责脱列哥那等违反窝阔台的意愿，不立失烈门而立贵由。拔都向各地宗王派去急使，告诉他们："宗王们之中，只有蒙哥耳闻目睹过成吉思汗的札撒和诏敕，只有立他为合罕，才有利于兀鲁思、军队和我们这些宗王们。"接着拔都把术赤家族诸王聚在一起，商议拥立蒙哥。当时海迷失的一个使者八剌在坐，提出异议说:"过去窝阔台汗命以失烈门为继承人,诸王、大臣都知道。现在失烈门还在,你们竟议论把汗位给别人,置窝阔台汗命令于何地?"蒙哥弟穆哥答道:"谁敢违抗窝阔台汗的命令。但上次议立贵由汗,是脱列哥那可敦同你们搞的,是你们违背了窝阔台汗的命令,今天还来怪谁?"八剌被问住了,说不出话来。众人表示赞成拔都的意见。蒙哥谦让再三,穆哥又站起来表示应该服从赛因汗拔都,蒙哥只好答应了。于是全体宗王、那颜脱帽解带,行九叩之礼,拔都举起杯子,就这样确定了汗位。但这只能算是预演,最后还要经大忽里台通过。

消息很快传开,察合台、窝阔台两系宗王自然不会同意,大忽里台拖了两年未能举行。这两年中,唆鲁禾帖尼与拔都恩威并施,一面告诉对立者已考虑了他们的利益,一面放出风去说不管对立者是否同意,拥立蒙哥的事不会改变。为了防范不测,拔都派弟弟别儿哥带三万军队到哈剌和林保卫蒙哥登基,拔都对别儿哥说:"你拥立他登上宝座吧,那些背弃札撒的人都得掉脑袋。"拔都、蒙哥以军队实力为后盾,他们联手合作,终于使窝、察两系宗王感到无可奈何,所以一部分人同意参加忽里台。

公元1251年六月,忽里台在曲雕阿阑举行。这次忽里台依旧豪侈辉煌,但气氛已是不同。会场座位经过精心安排。拉施特说："在他（蒙哥）幸福地登临大位之时，想到怎样作才能使得全体按照上下次序就座。别儿哥决定，拨绰（拖雷第七子）有脚疾，让他坐在自己的位子上，同时让忽必烈也坐下，并让全体都听从忽必烈的话。穆哥被命令站在门旁，让他得以拦阻诸王和那颜们进出；又命令旭烈兀站在司膳和卫士们前面，不让任何人说出和听到不适当的话。就这样确定了次序，直到忽里台结束为止，只有穆哥和旭烈兀来回走动。"忽里台结束后，宴饮作乐一周，每天用去两千车酒和马湩，三百头牛马和三千只羊。由于别儿哥崇奉伊斯兰教，牲畜全部按伊斯兰教规定的方式屠宰。

现在蒙哥要做的，就是铲除窝阔台、察合台两系中反对自己的势力；不来参加忽里台的就是反对者。正当宴饮欢庆的时候，一个名叫克薛杰的饲养人来报告，说他在远处路上遇到许多士兵，带着满载武器的大车，正往曲雕阿阑这边过来，看样子是图谋不轨。蒙哥立即派忙哥撒儿带着两三千骑前往察看。结果发现来的竟是失烈门、脑忽等窝阔台系宗王们，他们被包围后否认自己有阴谋，说是下决心来为蒙哥效劳的。忙哥撒儿带他们来见蒙哥。他们被缴了械，大部分那可儿和臣下被扣留在帐外，宗王们在行了九叩之礼后进入帐殿，参加欢宴。几天后蒙哥传旨让那些被扣的那可儿们一律回去，宗王们留下。随后蒙哥开始亲自审讯失烈门等人。经过，亚刑拷问，终于有人承认策划过阴谋。于是，在不长的时间里，失烈门、脑忽、斡兀立海迷失、失烈门之母合答合赤和他们的大臣，以及察合台系的也速蒙哥夫妇，一个个被捉拿归案。斡兀立海迷失曾经指摘蒙哥不守誓言，蒙哥对她特别憎恨，把她衣服脱光，裹上毡子，扔进水里。也速蒙哥之妻被当着其夫之面活活踢死。两系大臣被诛杀七十余人（一说三百余人）。额勒只带被送往拔都处受诛，他的两个儿子被用石头塞进嘴里杀死。宗王们或被流放，或被遣从军。失烈门、也速蒙哥后来也死于非命。为了表现宽厚，海迷失的长子忽察、幼子禾忽免于追究，还得了封地。经此猛烈打击，窝阔台和察合台两系势力土崩瓦解。

拉施特在叙述了以上的事情以后，不无感慨地说道："从那时起，蒙古人中间又发生了纷争，而成吉思汗对自己儿子们的遗嘱却是同心协力，他曾经说过：'只要你们彼此同心协力，幸福就将伴随着你们，敌人就战胜不了你们。'由于这个品格，成吉思汗和他的家族才得以征服世界上的大多数国家。"拉施特言外之意是，兄弟阋墙终于将导致家国衰亡。他因为在旭烈兀后裔的宫廷任职，只能讲到这个程度。

蒙哥鼻子扁平，中等身材，热衷巫觋占卜，不信其他宗教。——这是法国人、圣方济各会教士鲁不鲁乞对蒙哥的印

145

象。鲁不鲁乞奉法王路易九世之命进入蒙古，在公元1254年初晋见蒙哥于和林，记下了不少有关蒙哥的事情。他提到，蒙哥在给路易国王的信中骂海迷失"那个坏女人比一条狗还下贱"；还说："蒙哥亲口告诉我，海迷失是最坏的女巫，由于他的巫术，她毁了她的整个家族"（道森编：《出使蒙古记》，中译本，第222页）。由此看来，蒙哥也懂得讲女人是祸水。法国历史学家雷纳·格鲁塞认为"蒙哥无疑在内心有所不安，因为窝阔台曾抚育他像养子一样"（《蒙古帝国史》，中译本，第249页）。我看的确如此，所以蒙哥要强调他是在同一个坏女人斗。

不过，总的看蒙哥这个人既有原则，又偏保守。他不因拔都有拥立之功而乱予赏赐。公元1253年夏间，拔都向他要银万锭买珍珠，他只给了千锭，同时诏谕拔都说："成吉思汗、窝阔台汗积累的财产，要是这样花费，将来用什么赏赐诸王。你要认真想想。现在给你的银子就抵充今后给你岁赐的钱数。"《元史·宪宗纪》对蒙哥的评语比较公正，从中可以看到蒙哥的一些特点："帝刚明雄毅，沉断而寡言，不乐燕饮，不好侈靡，虽后妃不许之过制。初，太宗朝，群臣擅权，政出多门。至是，凡有诏旨，帝必亲起草，更易数四，然后行之。御群臣甚严。……性喜畋猎，自谓遵祖宗之法，不蹈袭他国所为。然酷信巫觋卜筮之术，凡行事必谨叩之，殆无虚日，终不自厌也。"如果蒙哥像忽必烈那样长寿,既不会采用汉法,也不会把帝国重心向南迁移。

(四)忽必烈 成吉思汗家族人才辈出,忽必烈尤为佼佼。他寿高八十,在位三十五年,即位以前早已参与军国大事,所以他完成的事业远远超过父辈和其他同辈。在成吉思汗众多子孙中,唯有忽必烈可以同乃祖相提并论。当然,祖孙两人也有很多不同。最大的不同在于:成吉思汗是大蒙古国创建者,忽必烈则是大蒙古国的结束人。造成这一不同的原因,是客观时势的变迁和个人文化的差异。

现今研究忽必烈的著述,几乎无一不谈到他对汉文化的吸取。由于母亲唆鲁禾帖尼的引导(她说过,要竭力使儿子们受到良好的教养),蒙哥、忽必烈、旭烈兀(我们不知道阿里不哥如何)都表现出对文化知识的兴趣。蒙哥喜欢自己起草诏旨,旭烈兀热爱天文知识,而忽必烈潜心于同儒生们探讨治术。许多史料证实,忽必烈接触儒生或具有儒家思想的人(如海云、刘秉忠)始于青年时代。海云、刘秉忠、赵璧、王鹗、张德辉、张文谦、窦默,都是从四十年代起就聚集在忽必烈周围。那时脱列哥那、贵由、海迷失先后当政,正是汗廷紊乱的年代。只是在蒙哥登位以后,忽必烈才得到牛刀一试的机会。从公元 1251 年起,他在邢州(今河北邢台)、河南、陕西三地委派官吏，采用中原农业社会行之有效的传统办法进行治理，据说是"不及三年，号称大治"。1254年，他征大理回来，于金莲川藩邸继续与儒士们研讨治术。《元史·张德辉传》有段记载，是从张德辉行状上抄来的，说是1252年张德辉与元好问（金元之际著名诗人）觐见忽必烈，请他做"儒教大宗师"，忽必烈"悦而受之"。这事被鲁迅引为笑谈。细想起来，此事殊不可解：历史上素无这个称号，张德辉、元好问并不具有授人尊号的身份，忽必烈又非当受之人。不过，正史既然记了，要抹掉也不容易，至少那时候的儒生是要靠拢和争取忽必烈的。在一个崇尚武力的征服者家族中，能够找到一个愿意听听儒道的宗王，总算是件幸事。而且儒生们的投入还是得到了回报的，建元中统、国号大元就是两件硕果。至于忽必烈的儒术纯与不纯，在他的施政中究竟占了几分，那是可以另行估算的。反正治好治坏不能都看儒术，否则夏、金、宋就不会灭亡了。

第七章
千秋功过

- 成吉思汗问，后世对他的行为将会怎样评论
- 现代的评论，各种各样的评论

　　岁月匆匆，成吉思汗祖孙三代征服世界的这段历史已经过去了七百年。七百年来世界上对这段历史议论不绝，但除了专业历史学家，只有很少的人知道，第一个关心对其征服活动的评论的，是成吉思汗本人。公元 1220 年在成吉思汗对花剌子模沙摩诃末穷追不舍的时候，他问该地区的一个法官瓦亦哀丁不真吉，后世对他的行动将会怎样评论。不真吉俯首思索后提出，如果成吉思汗保证他生命安全，他就率直答复。成吉思汗作了保证，不真吉回答说，后世没有人会赞美汗，因为蒙古人破坏一切经过的地方。成吉思汗大怒，将自己的弓箭掷在地上。在场的人都为不真吉捏把汗，不真吉自己也以为性命难保。但成吉思汗终于克制怒火，向法官指出，他的看法只在表

面上是对的，他不了解真实情况。成吉思汗又说："至于花剌子模算端（摩诃末），我要穷追他，至于他足迹所到，任何国家让他避居的我都要毁灭它！"[①] 按成吉思汗的意思，挑起战争的是摩诃末，是摩诃末先杀了他的使臣和商人，他不过是对摩诃末进行惩罚，因而应该得到后世的赞扬。用这样的理由来为蒙古军队的残酷杀掠辩护，自然站不住脚，后世有谁能赞扬成吉思汗在花剌子模恣意屠杀的行为呢？但是，不真吉的看法是否确有表面化的缺陷？事实上后世的许多历史著作证明，人们可以在谴责蒙古征服者残暴罪行的同时，给成吉思汗及其子孙的征服活动一些赞扬，只是赞扬的角度是成吉思汗本人完全想不到的。

应该强调一下，这里说的赞扬，不是指对成吉思汗及其子孙的军事才能或某种品格的赞扬。那样的赞扬，成吉思汗在世时就有了。在成吉思汗子孙统治的国家里，在这些国家编修的史书里，那样的赞扬可以说是比比皆是，无需罗列。在明初中国官修的《元史》里，也不乏那样的赞扬，例如说成吉思汗

① 见雷纳·格鲁塞著《蒙古帝国史》中译本第 376 页，商务印书馆 1989 年版。这个故事富于戏剧性，但相当可信。记述这件事的是 13 世纪历史学家术兹查尼，他生于伊朗，1226—1227 年因躲避蒙古征服者逃到印度北部，1247 年起客居德里苏丹国统治者纳西尔·马哈茂德官中，1260 年用波斯文写完史型著作《纳西尔书》，书中讲到蒙古征服的历史。

"用兵如神，故能灭国四十"，等等。这里说的赞扬，是指对成吉思汗家族的征服活动的总的评估。既然是总的评估，它只能出现在人们的历史视野大大拓宽了的现代。下面我们分别介绍近几十年西方、前苏联和我国的历史学家对这一历史现象的看法。

现代西欧的历史著作对蒙古的征服活动的作用与后果，大多采取分析的态度。一个突出的例子是 1941 年出版的法国东方学家雷纳·格鲁塞的《蒙古帝国史》，这部书中专门有一章《对蒙古征服的总结》，写得很富历史感。格鲁塞把蒙古的征服纳入历史上屡见不鲜的北方游牧民族对南方文明地区的侵入活动来进行考察，指出在中国历史上游牧民族的"掠夺性入侵是经常性的，除在汉、唐全盛时期以外，几乎每十年就有一次。如果这个朝代在强盛时候，侵掠仅仅是侵掠，有如虫螫在广大的帝国躯体之上，如果机能有了毛病，这就是死亡"，"而真正的入侵，即征服，只是例外的偶然事件"。对蒙古征服者造成的破坏，尤其是破坏农田和城市的行为，格鲁塞用游牧民的经济习惯予以解释，他说："我们不能指责蒙古人，就像不能指责美洲的红种人一样，红种人出乎意料之外地变成为英人或加拿大人的一些村落主人翁时候，除了焚烧村落，使树林中的荒芜空地可以变成森林之外，不知道其他。蒙古人的毁灭行为，是由于他们不了解农业经济，更不了解城市经济。"格鲁塞一方面指出蒙古征服的一个恶果是"使定居国家的正常发展停滞不前"，另一方面又指出"于造成恶果的同时，也产生某些有益的方面"。他关于"蒙古人统一的功绩"的一段话，说得十分精彩："蒙古人几乎将亚洲全部联合起来，开辟了洲际的通路，便利了中国和波斯的接触，以及基督教和远东的接触。中国的绘画和波斯的绘画彼此相识并交流。马可·波罗得知了释迦牟尼这个名字，北京有了天主教的总主教。将环绕禁苑的墙垣吹倒了，并将树木连根拔起的风暴，却将鲜花的种子从一个花园传播到另一个花园。从蒙古人的传播文化一点说，差不多和罗马人传播文化一样有益。对于世界的贡献，只有好望角的发现和美洲的发现才能够在这一点上与之比拟。"

对格鲁塞的"总结"，可以有各种看法，但它所体现的客观分析态度和较多的历史感，总比一味执着于道义立场和功利主义原则所得出的结论，要有更多的说服力。事实上在格鲁塞此书出版之前和之后，欧美都有一些影响较大的通史型著作采取这样的分析态度，肯定蒙古的征服对东西方交流的积极作用；早的有英国韦尔斯的《世界史纲》，晚近的有美国斯塔夫里阿诺斯的《全球通史（1500年以前的世界）》和英国巴勒克拉夫的《泰晤士世界历史地图集》，等等。《世界史纲》说："蒙古人的征服故事确实是全部历史中最出色的故事之一。亚历山大大帝的征服，在范围上不能和它相比。在散播和扩大人们的思想以及刺激他们的想象力上，它所起的影响是巨大的。一时整个亚洲和西欧享受了一种公开的交往；所有的道路暂时都畅通了，各国的代表都出现在哈剌和林的宫廷上。……教皇的使节，从印度来的佛教僧人，巴黎、意大利和中国的技工，拜占庭和亚美尼亚的商人，阿拉伯官员，波斯和印度的天文学家及数学家都汇集在蒙古宫廷里。我们在历史上听得太多的是关于蒙古人的战役和屠杀，而听得不够的是他们对学问的好奇和渴望。也许不是作为一个有创造力的民族，但作为知识和方法的传播者，他们对历史的影响是很大的。从成吉思和忽必烈的模糊而传奇式的人格上所能看得到的一切，都倾向于证实我们的印象，即这些人至少和那浮华而自负的人物亚历山大大帝，或那政治幽灵的招魂者、那精力充沛而又目不识丁的神学家查理大帝一样，都是些颖悟而有创造力的君主。"（中译本，人民出版社 1982 年版）

1970 年出版的《全球通史（1500 年以前的世界）》同样强调蒙古的侵略"促进了欧亚大陆间的相互影响"，书中举了不少事例，最后说："由这种相互影响提供的机会，又被正在欧洲形成的新文明所充分利用。这一点具有深远的意义，直到现在，仍对世界历史的进程产生影响。"（中译本，393 页，上海社会科学院出版社 1988 年版）

巴勒克拉夫主编的《泰晤士世界历史地图集》出版于1978年，它不同于一般的通史著作，但传布之广、影响之大，绝不在一般通史之下。书中为蒙古帝国图（1206—1405）写了如下的说明："来自亚洲腹地的原始游牧民族蒙古人，对世界史产生了巨大的影响。他们征服的规模无与伦比。……这是文明社会所经受的最后一次，也是最激烈的游牧民族的野蛮攻击，其后果十分严重。亚洲和大部分欧洲的政治组织都变换了。许多地区的人民被灭绝或四散，永远改变了其种族特性。世界主要宗教的分布和力量也发生了变化。横越欧亚大陆的道路由一个政权所控制，旅行变得安全了。在中断了一千年之后，欧洲人又能进入亚洲和远东了。……蒙古人出现在世界舞台上是突然的，并且也是破坏性的。过去的王国和帝国在它面前相继溃败。他们成功的原因，也许是在于高超的战略、有一支优秀而高度机动的骑兵、坚忍不拔和战斗时的组织性与协调一致。蒙古人甚至有某种类似于现代总参谋部的组织，……在一个军事天才的指挥下，它达到了最高的效能，产生了确实是当时世界上最可畏的战争机器。"（中译本，三联书店1985年版）

上述几种西方史学著作无一否认蒙古征服的野蛮残酷，但都能把它放在世界历史发展的长河中来看待它客观上所起的作用。这样的研究方法，在苏联时期的俄国几乎是见不到的。出于历史原因和现实的政治原因，苏联时期的俄国历史著作不能对蒙古征服的结果有任何积极的评语。旧俄时代的历史编纂学权威克柳切夫斯基（公元1841—1911年）曾经认为金帐汗国的统治促进了罗斯国家走向统一，他的学生波克罗夫斯基（公元1868—1932年）在1920年出版的《俄国历史概要》中重复克柳切夫斯基的观点，提到"罗斯围绕着莫斯科的统一，至少有一半是鞑靼人的功劳"（中文本上册第50页，三联书店1978年出版），他们后来都遭到批判。在1937年出版、1950年增补的《金帐汗国兴衰史》中，作者格列科夫称克柳切夫斯基在罗斯国家形成问题上"回到了最蹩脚的解释"，波克罗夫斯基的观点则被斥为"反科学的"、"荒谬"、"虚构与不可思议的"（格列科夫、雅库博夫斯基：《金帐汗国兴衰史》，中译本第211—213页，商务印书馆1985年版）。而《金帐汗国兴衰史》自始至终强调的，就是蒙古统治的消极阴暗和俄罗斯人民"对祖国和独立自主的热爱以及不断的反抗"，所以这本书在1952年获得斯大林奖金，那是当时苏联学术界的最高荣誉。这个基调贯彻到那个时期苏联的各种历史著作。1957年出版的《世界通史》（十卷本）第三卷也是如此，它有三万多字篇幅讲蒙古的侵略和统治，满足于叙述"蒙古侵略的恐怖和征服者的暗无天日的压迫"，与各国人民"反对蒙古征服者的斗争"，即便提到了"蒙古伊儿汗却非常照顾科学家、医师、数学家和天文学家",前面也要先说一句"蒙古的征服给伊朗的文化生活带来不良的影响"(中译本,第823页,三联书店1961年版)。可以说,前苏联的史学对蒙古征服的观点,根植于苏联国家的政治需要,以至在六十年代成吉思汗问题成了中苏辩论的一个部分。

在五十年代前期我国出版的史学著作中,可以看到与苏联史学类似的观点。1955年出版的余元庵的《成吉思汗传》,就认为成吉思汗在整个人类历史上的地位与作用应予否定(上海人民出版社1955年版)。比余著《成吉思汗传》更为突出的是尚钺主编的《中国历史纲要》,它比《成吉思汗传》早出一年,是1949年以后编写的第一部公开出版的完整的中国通史,当时影响不小。书中讲了元灭南宋,然后说:"至此,全中国都陷于元蒙的黑暗统治下。但随之而起的,是中国的英雄人民展开了持久而顽强的反侵略、反压迫斗争,历经八十九年,终于推翻元蒙野蛮而残暴的统治,重建汉族的统一国家。"《纲要》认为,"元蒙入侵和统治……对中国社会的发展起了严重的阻滞作用"。《纲要》还把刘秉忠、姚枢、许衡等忽必烈身边的汉族大臣,称做"汉奸地主官僚士大夫分子"(人民出版社1954年版)。这样的观点不仅放在今天会使年轻的读者感到惊讶,当年也曾引起许多异议。事情被推到极端,纠正起来反而比较容易。没有几年，这样的观点就从史坛上消失了。史学界对元代这段历史在中国历史发展过程中的地位，有了比较多的共识，这就为六十年代初有关成吉思汗问题的讨论提供了基础。由于当时的背景，那次讨论渗进了一点中苏辩论的影响。

1962年成吉思汗诞生八百年祭，中、苏、蒙三国不约而同地发表了有关文章。事过三十余年，把这些文章再拿出来看看，颇耐人寻味。

苏联的一篇题为《成吉思汗》，发表在权威性杂志《历史问题》当年第五期上，作者是苏联科学院院士、历史研究所西班牙和英国史研究组组长、国际关系史和世界现代史专家И. M. 迈斯基。仅从杂志地位和作者拥有的头衔就可以知道，这是一篇指导性的文章。虽然作者并非蒙古史专家，甚至文章中把成吉思汗的出身弄成了敌对的泰赤乌部，都不影响其指导意义。下面是迈斯基文章的结论：

"勿庸置疑，成吉思汗是当时巨大的军事活动家和国务活动家。他的活动分两个主要时期。第一个时期到1206年止，成吉思汗对统一蒙古人的事业，对建立第一个早期封建型蒙古国家的事业作出了一定贡献。第二个时期从1206年开始，从1211年后特别富有侵略性质，这时成吉思汗起的是消极作用，……其标志是数百万人失掉生命，无数物质文化珍品遭到破坏。这在很大程度上阻碍了被征服、被破坏国家的社会经济发展。……这种政策归根结底也给蒙古国家本身的发展造成了损害。成吉思汗（及其继位者）取得战绩，不是由于他个人的才智，而是由于外界的孱弱无力和分崩离析。……通观成吉思汗的全部活动之后，必须肯定，这些活动整个说来对人类进步事业造成了很大的损害。"

同年5月31日，蒙古人民共和国《真理报》发表《最初的蒙古国家的缔造者》一文，副题为《纪念成吉思汗诞生800周年》，作者是蒙古科学院历史研究所所长什·纳察格道尔只院士。报纸和作者的身份说明这也是一篇指导性文章。这篇文章有两个基本观点与上述迈斯基的文章相同，即肯定"成吉思汗建立蒙古统一国家的历史作用"，否定成吉思汗"为侵略异国而进行的非正义的反动战争"。文章颇多感情色彩和现代语言，例如说成吉思汗"曾是一位光辉的组织者、杰出的政治活动家和伟大的统帅"，"成吉思汗的军队具有第一流的组织、纪律和技术装备"，结论是"成吉思汗是在社会历史上既起过进步作用、又起过反动作用的那些矛盾的历史人物之一"。但是，文章的真正用意是划清两条政治界限：一条是"我们党历来反对那些企图抹煞成吉思汗业绩的封建阶级性质、抹煞成吉思汗及其后人所进行的掠夺战争的反动作用的民族主义观点，与之作了及时的坚决斗争"；另一条是强调成吉思汗"奠定了蒙古国家独立的始初基础"，抨击"帝国主义者和中国的蒋介石反动集团一直在用歪曲蒙古历史、特别是歪曲成吉思汗的作用的手段，来企图证实他们仇视我国独立的侵略政策"，而"这种企图是枉费心机的"。从这几段文字不难看出文章作者的复杂心情和政治用意。熟悉那时蒙古人民共和国情况的人都知道，成吉思汗评价问题不是一个可以随便讨论的学术问题，的确有几个政界和学界人物在这问题上栽了跟斗。该文对迈斯基文章的响应，也是显而易见的。

这一年中国发表多篇研究成吉思汗的文章，限于本书篇幅，这里只举三篇，它们的作者分别是韩儒林、周良霄和杨志玖。

韩儒林的文章发表在《历史研究》第三期上。那一年《历史研究》是双月刊，第三期出版于6月，一般地说，其上的文章早在两个月以前就已排版了，不大可能是当月写的。但是，中苏两国围绕着成吉思汗问题的意见分歧早已存在，韩文又有强烈的针对性，所以看起来就像是冲着迈斯基的文章写的。文章一上来就说："近来有些历史家完全否定了成吉思汗，特别是霸权主义者，他们一贯鄙视侮辱弱小民族，认为他们是劣等民族，只配供人驱使。为了消灭他们的民族自豪感，霸权主义者把弱小民族历史上的杰出人物也一一贬低否定，企图使之甘心屈居殖民地的奴仆地位。对于成吉思汗，这些霸权主义者只片面地强调他的屠杀和破坏，强调各族一城一地抗战的英勇，而对他在历史上所起的进步作用，没有作出正确的估价，这是不能令人同意的。"显然，文章也把问题提升到政治的高度。接着，文章先后就"成吉思汗在蒙古民族历史上、中国历史上、世界历史上所起的作用进行考察"。首先，文章肯定"成吉思汗的统一事业对蒙古族的形成是一个很大的贡献"，"伟大的蒙古族在世界历史舞台上起重要作用，是从成吉思汗开始的"。其次，文章肯定成吉思汗及其后人对中国"恢复统一，结束分裂"的作用，指出元代"至少在一定时期内，生产力确实年年有所增加"。第三，文章认为，从世界"历史发展的趋势看"，"成吉思汗打破封闭，给各族人民在经济文化上创造互相交流互相学习的条件，……对社会发展起推动作用"。

韩儒林把成吉思汗的历史作用分解为三的考察方法，后来为许多研究者沿用，但他在这三方面所做的结论，并不都被人接受。紧接在韩文之后，同年《历史研究》第四期发表了周良霄的文章《关于成吉思汗》，《历史教学》第十二期刊出杨志玖的文章《关于成吉思汗的历史地位》。周文和杨文都肯定成吉思汗统一蒙古所起的历史进步作用，与韩文观点相同；对成吉思汗在中国历史上所起的作用，两文的看法也与韩文大致相仿，只是在程度上互有出入。分歧主要是在西征问题上，由对西征的看法不同，影响到对成吉思汗在世界历史上所起作用的评价。周文认为，"成吉思汗的西征是应该否定的。西征使中亚地区不少繁华的城市遭到破坏，无数无辜的人们被屠杀，对中亚人民造成巨大的灾难。西征也加重了我国各族人民的负担。……长时期地把力量用在对西方的战争，也推迟了国内的统一和恢复工作，加深了我国北方的混乱。因此，西征不论是对外或者对内，对中亚人民或者是对蒙汉人民都是有害的"。针对韩文，周文说："有的历史学家从成吉思汗的西征削平了中西通道上的堡垒，促进了中西文化交流来肯定其积极意义。这样的说法也是不全面的。"周文还指出："蒙古统治者实际上并没有把中亚以至西亚的回教国家当作殖民地。回教地区的文化中心……不久又得到了恢复和发展。……就原来经济文化发展较高的伊儿汗国而论，特别是在合赞汗统治时期，无论是经济、文化各方面都达到一个繁荣鼎盛的时代。"杨文对西征的看法与周文基本一致，认为"西征是应该基本否定的"，同时指出："由于西征所到的地区不同，西征所造成的残破情况也不同，因此西征的结果在各地区也不尽一致，不可一概而论。……无分析地认为西征使一切被征服的国家社会倒退，也是不公允的。另外，由西征而带来的另一客观效果，即中西交通的大开，中西文化、经济的交流，民族的融合等，也不能完全忽视"。杨文的结论是："成吉思汗对蒙古历史的作用应该充分肯定，对中国历史的作用应该基本肯定，只有对中亚诸地的作用才应该基本否定，而且其中情况复杂，还有若干积极的东西在内。就算把西征完全否定了，也不能因此就把成吉思汗在世界史上的地位全盘否定。因为所谓世界，是应该包括蒙古、广大的中国以及西域地区的。……全面地衡量成吉思汗的一生，应该说，他的贡献还是主要的，他在整个人类历史上的地位是应该肯定的。"

以上三篇文章基本上反映了六十年代初那次讨论的大致意见。事过三十年，回顾那次讨论，有没有留下问题呢？有，问题是在讨论者据以判断是非的准绳上。直率地说，我们的史学在评定成吉思汗的南侵与西征时采用了两种不同的标准。试想一下，否定西征的理由是什么？无非是西征造成了极大的破坏。那么，南侵就没有造成极大的破坏么？成吉思汗在西域实施的屠城行为，在南侵中就没有实施么？再想一下，肯定（或基本肯定）南侵的理由是什么？最主要的理由是统一。但是，西征就没有造成那些地区的相对统一么？上面我们已经介绍过，从帝俄时代的克柳切夫斯基到苏联初期的波克罗夫斯基，都承认金帐汗国的统治促进了罗斯国家的统一。比较一下成吉思汗西征前的状态，察合台汗国和伊利汗国的建立不也是促进了它们所在地区的统一么？如果我们承认这些都是事实，那么接下来的问题就是，何以相同的事实会得出不同的结论呢？原因很简单，因为采用了不同的衡量是非的准绳，我们的史学要把成吉思汗的南侵作为中国的内部问题来处理，而把西征作为对外的问题。这样一来，就把我们推向一个老问题：成吉思汗是不是我们中国的汗？

早在1934年，鲁迅就说过，他在二十岁的时候"听说'我们'的成吉思汗征服欧洲，是'我们'最阔气的时代。到二十五岁，才知道所谓这'我们'最阔气的时代，其实是蒙古人征服了中国，我们做了奴才。直到今年八月里，因为要查一点故事，翻了三部蒙古史，这才明白蒙古人的征服'斡罗思'，侵入匈奥，还在征服全中国之前，那时成吉思汗还不是我们的汗，倒是俄人被奴的资格比我们老，应该他们说'我们的成吉思汗征服中国，是我们最阔气的时代'的"（《随便翻翻》，见《且介亭杂文》）。撇开"阔气"、"奴才"之类的话不谈，鲁迅说的蒙古征服活动的时间先后，大致是不差的，只是他把成吉思汗祖孙三代做的事情都放在成吉思汗的名义下讲了。但是，鲁迅毕竟是在写杂文，他的话常常是绕着讲的，不能直接按字面来理解。他其实是既不同意把成吉思汗说成是中国的汗，也不赞成把成吉思汗说成是俄国的汗，故而他对成吉思汗的南侵与西征都用了"征服"两个字。所谓"征服"，总是对别的国家或别的民族而言的。我们必须面对历史的真实。读一读13世纪蒙古族史诗《蒙古秘史》就会知道，那时的蒙古人只认为大蒙古国是自己的国家，无论是金、夏、南宋还是花剌子模、斡罗思，统统都是外国。对也可蒙古兀鲁思的成吉思汗来说，西征与南侵是没有区别的。今天我国境内的蒙古族作为中华人民共和国民族大家庭的一个平等的成员，是成吉思汗以后数百年间历史发展的结果，就像蒙古族裔还分布于其他国家、参加了其他国家的发展一样。历史的流程是自上而下的发展，古人是按他们那时的状况区分内外的，我们不能用今天的观念和国界去划定古人的行为空间。如果我们的史学家能在这一点上达成共识，就会用同样的标准来衡量成吉思汗祖孙三代对南对西的征服活动，我们的评论将会更加符合历史实际。

六十年代以后，我国对成吉思汗家族征服活动史的研究，又取得许多进展，但在总的评价上，尚未彻底摆脱六十年代那次讨论的影响。所以我们旧事重提，以引起读者的思考。

本书由华夏出版社1996年初版。此次再版改正了个别错字。

元及各汗国简图